인천의 잊혀진 실학자 소남 윤동규

인천의 잊혀진 실학자
소남 윤동규

김시업·허경진·박혜민·송성섭·전성건·강진갑

景仁文化社

발 간 사

실학박물관은 실학 연구에 기여하고 우리 사회에 실학 정신을 고취 시키기 위해 2009년 개관 이래로 실학 관련 연구자 및 학술단체와 꾸준히 협업해 왔습니다. 그 결과물을 매년 실학연구총서 시리즈에 담아 현재까지 실학연구총서 14집까지 발간하였습니다.

작년에 인천 남동문화원과 실학박물관은 소남 윤동규 선생의 현양 사업을 비롯한 실학 사업의 공조를 위해 업무협약을 맺었습니다. 그 일환으로 실학박물관에서 두 기관이 공동으로 "인천의 잊혀진 실학자, 소남 윤동규의 학문과 사상" 학술심포지움을 개최한 바 있습니다. 이번 실학연구총서 15집은 이 심포지움에서 발표된 5편의 논문을 엮어 낸 것입니다.

실학박물관은 2014년에 '소남 윤동규의 학문과 인천', 그리고 2015년에 '소남 윤동규와 인천 도림동'을 주제로 학술심포지움을 개최한 바 있습니다. 이 두 학술심포지움은 소남 윤동규 선생의 유적지인 인천 남동구 도림동을 집중 조명하여 향후 실학문화공간으로서 활용 방안을 마련하기 위한 자리였습니다. 조선시대 개혁적 학풍을 선도한 소남 선생의 학문과 사상을 널리 알리고, 그분이 사셨던 인천 도림동 지역을 실학 문화의 공간으로 가꾸어 나가는 시도는 늦었지만 필요한 것이었습니다.

2021년에 개최된 '인천의 잊혀진 실학자 소남 윤동규의 학문과 사상' 학술심포지움은 기왕의 연구 성과를 바탕으로 소남 선생의 학술적 업적과 의미를 본격적으로 다룬 자리였습니다. 늦었지만, 그 결과물이 이렇게 실학연구총서로 발간되어 반갑고 기쁜 마음입니다.

성호 이익 선생의 제자인 소남 윤동규 선생은 세거 사족의 활동이 매우 드문 인천에서 가업을 계승했고, 실학사상을 발전시킨 큰 학자이십니다. 이번 실학연구총서 발간을 계기로 향후 소남 윤동규 선생의 연구가 더욱 다양한 분야에서 활발하게 진행되리라 기대합니다. 바쁘신 가운데도 좋은 글을 내어 주신 필자 여러분과 책을 만드느라 수고하신 여러분께 감사드립니다.

2022. 11
실학박물관장
정성희

차 례

윤동규(尹東奎)의
유고(遺稿) 현황과 그 위상
― 『소남유고(邵南遺稿)』와
『소남선생유집초(邵南先生遺集草)』

김시업 성균관대학교 명예교수

* 이 글은 2021년 10월 25일 실학박물관 심포지움 '인천의 잊혀진 실학자 소남 윤동규 선생의 학문과 사상' 학술회의에서 발표한 내용을 수정·보완한 것이다.

1. 문제 제기

윤동규(尹東奎)의 문집은 성균관대학교 대동문화연구원(大東文化研究院)이 간행한 『소남유고(邵南遺稿)』(영인본, 2006)와 후손(윤형진, 종손)이 소장하고 있는 『소남선생유집초(邵南先生遺集草)』의 2종이 있다. 『소남유고』나 『소남선생유집초』 모두 본문에는 『소남선생문집』으로 되어 있다. 그러나 둘다 일반적인 문집 체제와는 상당히 다르다. 그래서 『소남유고』 영인 간행시 편차를 재편하여 문집체제에 가깝도록 편지(書) 부분을 앞으로 옮겨 놓았다. 대개의 내용은 같으면서 부분적으로 조금 차이가 있어서 『소남유고』의 해제에 이 점을 언급해두었다. 2006년 대동문화연구원이 영인 간행한 『소남유고』의 편집과 해제는 직전 원장으로서 준비와 작업을 진행해왔던 내가 담당하였다.

그런데 최근에 약간의 의문이 제기되었다. 인천 남동문화원이 의욕적으로 '인천의 실학자 소남 윤동규'를 내걸고 발굴 정리 연구사업을 진행하면서 문집 번역을 위해 원전 비판(비교·검토·확정) 작업이 필요하게 됨으로써 대동문화연구원 간행 영인본의 원문(대본)이 있을 것이라 짐작하고 그 확인을 학교와 대동 측에 요청해왔다. 그동안 대동문화연구원은 복사본 『소남유고』를 실로 오랫동안(60년대 말 즈음부터?) 출처를 알 수 없이 간직해 오다가 2000년대 초에 소남의 종손을 겨우 찾아내어 소장하고 있는 여러 유품과 고문서와 또 다른 필사본 문집 『소남선생유집초』를 1차적으로 확인하고 나서 2006년

에 『소남유고』를 간행하게 되었다.[1]

연구원 예산이 사진 작업을 할 형편이 못 되어 도리 없이 보관해
오던 복사본을 해체하여 영인 원고로 사용하였다. 이러한 과정을 간
행 당시에 이미 종손에게 설명하였으나 십수년이 지난 지금 사업을
시작하는 남동문화원 측은 원문(대본)이 있을 것이라는 의구심을 지
울 수 없었던 것 같다.

다시 살펴보니 의심의 빌미를 준 것은 나였다. 내가 쓴 해제의 머
리말에는,

"邵南 尹東奎의 저술 가운데 일부를 정리해둔 『邵南遺稿』 草本을
후손에게서 찾아내어 별도의 책자를 영인 간행하게 되었다."[2]

라는 언급이 있고, 총장 이름으로 된 간행사에는,

"윤동규의 경우에는 그의 여러 경전의 저술이 본 연구원이 편찬
한 『韓國經學資料集成』(全145冊) 가운데 분산적으로 수록되긴 했지
만, 그의 문집이 공간되지는 못했었다. 우리 대동문화연구원이 소남
의 후손가에서 소중히 보관해온 『소남유고』 草本을 이번에 별도의
책자로 영인 간행하게 된 것은 매우 다행이고 학계를 위해 기뻐할
일……"

이라고 되어 있다. 이것도 내가 초잡아 준 터이다. 왜 이렇게 말했을

---

1) 『邵南遺稿』, 동아시아학술원 大東文化研究院, 성균관대학교 출판부, 2006(影
印本).
2) 위의 책, 解題.

까? 대개의 영인 문집이 이러한 간행과정을 가지기 때문이었을 것이
다. 더 나아가서는 초본의 복사본을 오랫동안 가지고 있으면서 종손
을 찾아내어 확인해 보았으나 댁에는 『소남유고』가 없고, 대동소이한
필사본 문집 『소남선생유집초』가 있었다. 이러한 형편에서 해제자는
연구원의 입장과 후손의 입장도 함께 생각하면서 최초의 복사본 입수
경위를 세세히 밝히지 못하고 위와 같이 말하지 않았을까 자문자답하
여 본다.

그런데 최근에 나는 나의 거처가 아닌 먼 곳에 쌓아둔 잡동사니
박스들 속에서 20여년 전에 『한국경학자료집성』 간행 편집 작업용 복
사 자료 더미에서 윤동규의 경학자료 복사지와 함께 『소남유고』 간행
의 해제를 쓰기 위해 영인 대본이 된 유일한 복사본의 해체 이전의
재복사물을 찾게 되었다.3) 이를 계기로 다음 몇 가지를 정리 보고하
여 해제에서 오해의 빌미가 된 선의의 표현(후손이 제공하였다는 말)
문제를 밝히고 소남의 유고를 연구자료로서 보다 분명하게 하고자 한
다. 『소남유고』의 영인 간행의 경위, 소남의 문집 2종(영인 대본까지
3종)의 서지적 비교, 그리고 『소남유고』의 위상 등이 정리 보고의 내
용이 되겠다.

2. 『소남유고』의 간행 경위

내가 1976년 대동문화연구원의 연구조수(당시, 연구원은 교수라야

---

3) 다음 장에서 'b. 『邵南遺稿』의 대본'이라고 지칭한 영인 '대본'임. '書(권 6~
   13)'가 經說·禮說·雜著의 뒤에 편차된 필사 정본의 복사물.

하고 아직 언구원보 제도는 생기기 이전이니 조교와 다를 바 없었다)
로 원장을 보좌하여 연구기획, 출판, 운영 모든 살림을 도맡았을
때, 연구원에는 언제부터 어떻게 입수되었는지 모르는 복사본 원고
로 『소남유고』(윤동규, 1695~1773)와 『무명자집(無名子集)』(윤기 尹
愭, 1741~1826)과 『담정총서(藫庭叢書)』(김려 金鑢, 1776~1822) 등
이 있었다.

　이 가운데 『무명자집』이 먼저 간행되었다. 무명자 윤기는 윤동규
와 同本인 파평윤씨로 서울에서 가난하게 살면서 일찍이(20세 때) 성
호 이익에게 3차에 걸쳐 往返하면서 問學하였다. 무명자집 영인 간행
끝에 쓴 윤목구(尹牧九)의 발문(1977)[4]에는 『무명자집』(미정리본 초
고) 27권이 어떻게 흩어지고 어떻게 여러 사람 손을 거쳐 여러 곳에
가 있는지 그 소장처가 파악되어 8권이 낙질인 상태로 19권(19책)이
확보된 사실이 밝혀져 있다. 이의 출간을 위해 확보된 자료는 당시
대동문화연구원장인 두계(斗溪) 이병도(李丙燾)교수의 집과 연구원
을 오가며 준비되었으나 간행하지 못했다. 그리고 10여 년 후에 후손
윤병희(尹炳羲)의 노력으로 문중과 대동문화연구원이 협력하여 대동
고전총서 제35집으로 『무명자집』을 영인 간행하였다. 76년 여름 연세
대학교 이공대 윤병희 교수는 대동문화연구원에 나와 영인을 위해 떠
놓은 지 10여 년이 지난 복사본 대본의 검정을 글자만 남기고 일일이
화이트로 지우는 작업을 몇 달이나 계속했다.

　해제는 대한민국학술원 원장 이병도박사가 썼는데 흩어진 원문이
나 영인에 사용한 복사 대본 이야기는 없었다.[5] 다만 간행사에 "尹氏

---

　4) 『無名子集』, 대동문화연구원, 1997(영인본).
　5) 위의 책, 해제.

門中에서는 散帙된 것을 애써 수집하여 本院에 제공하였고…… 原文複寫 과정에서 尹炳曦氏의 수고에 힘입은 바가 컸다."고 하였다. 후손 윤병희 교수가 영인 원고(대본)로 사용할 복사본의 검정을 지우는 작업을 하면서 대동문화연구원에 있는 『소남유고』 복사본을 보고 종친들을 통해 윤동규의 후손을 찾아보겠다고 하였다. 그리고 20여 년이 지나 내가 문과대학 교수로서 대동문화연구원의 원장 일을 볼 때 겨우 소남 종손의 인천 주소를 알게 되었다.

앞에 언급했듯이 『소남유고』 해제는 전임원장으로 작업을 준비해 왔던 내가 2005년 말경에 썼다.

> 年前에 仁川(남동구 도림동)으로 邵南 선생의 종손(尹亨進) 댁을 찾아 갔을 때, 소남의 묘소가 바로 집 뒤 숲에 있었다. 과거에는 扶餘 外山面 水新里의 先塋 아래에 살다가 얼마 전에 八代祖인 소남의 묘소 앞에 양옥을 짓고 이주하였다고 했다. 그런데 근자에는 인천 도림동 일대가 개발되면서 종손 윤씨는 부득이 집과 함께 소남의 묘소를 모두 부여의 先塋 가까이로 옮겨 갔다고 한다. 이때 종손댁에 소장해오던 『邵南先生遺集草』와 많은 簡札·古文書·冊子·遺品 등을 인천시립박물관에 맡긴 것으로 알려지고 있다. …… 인천시 도림동 일대가 소남이 한동안 거주하던 邵城縣 道南村으로 星湖 선생이 있던 안산 성촌과 멀지 않은 거리임을 알 수 있다.6)

'年前'은 아마 2000년대 초 어느 해였을 것이다. 이때 처음으로 소중하게 간직해 온 소남댁의 유물과 문서와 책자들이 세상에 다시 나

---

6) 『소남유고』, 해제.

오게 된 셈이다. 안타깝게도 『소남유고』는 없었다. 그래서 연구원이
가진 복사본을 영인 원고로 하여 『소남유고』(2006)를 내면서 영인본
앞 부분에 이러한 유물들을 화보로 소개하였다.[7]

여러 가지 정황으로 보아 소남유고의 복사 초본은 무명자집의 복
사 초본과 함께 두계 이병도 박사의 원장 재직 기간(1966.9~1970.2)
에 입수되었고, 후손과 문집 원본이 확인된 『무명자집』과는 달리 『소
남유고』는 그러고도 20여 년이 넘게 입수 경위마저 잊힌 채로 후손과
원본을 기다리고 있었던 셈이다. 아직도 영인 문집 원본은 국내외 어
딘가에 묻혀 있을지도 모른다.

3. 『소남유고(邵南遺稿)』와 『소남선생유집초(邵南先生遺集草)』

1) 문집 3종 체제(편차) 비교

a. 『邵南先生遺集草』 (이하 『遺集草』)

13책, 필사본, 12행×24자~13행×26자(28자까지), 본문에는 "邵南
先生文集"으로 표기됨

　　(1) 經說　　권1, 2

---

7) '화보'의 편집은 종손(윤형진)댁을 같이 갔던 陳在敎 교수(성균관대 한문교육
과)가 사진을 찍고 정리했다. 陳 교수는 일찍이 대동문화연구원 조교 일을 볼
때 이미 『한국경학자료집성』(1988~1998)의 편집 과정에서 邵南의 '經說' 자료
들을 대동문화연구원에 있는 복사본을 바탕으로 정리해온 처지였다.

  (2) 禮說   권3, 4
  (3) 雜著   권5
  (4) 書   권6~13
    - 箚疑 (b.『邵遺稿』의 대본에 실린) 결락
  (5) 14권(?) 표지 : 邵南尹先生行狀草, 본문 : 邵南尹先生行狀

『邵南先生遺集草』(후손 윤형진 소장, 현재는 인천시립박물관)

b.『邵南遺稿』의 대본 (이하『대본』)

  대동문화연구원 영인본의 대본(필사복사본, 문집초본의 2장을 펼쳐서 4면이 영인본 1면이 되도록 복사하여 5침으로 꿰매어 제책함). 본문에는 '邵南先生文集', 첨부한 편차에는 '邵南先生遺稿', 이를 제책한 표지에는 '邵南遺稿'로 표기됨. 본디 편차는 書가 중후반에 배치됨

  (1) 經說   권1, 2
  (2) 禮說   권3, 4
  (3) 雜著   권5

(4) 書　　　권6~13
(5) 剳疑　　遺稿 上,中,下

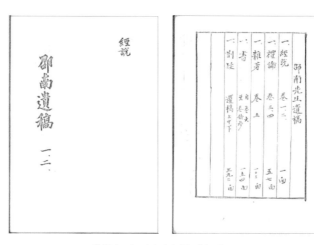

『대본』의 편차와 본문 첫 면

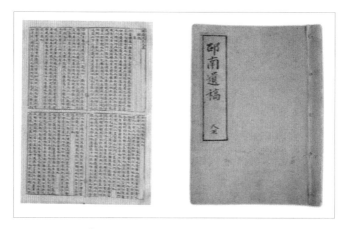

『邵南遺稿』(복사원고, 영인본의 대본)

c. 『邵南遺稿』(대동문화연구원 영인본, 이하『遺稿』)

　1책, 필사영인본 12행×24자, 본문에는 "邵南先生文集"으로 표기됨. 편차중『대본』의 書를 앞으로 옮김. 附錄으로 '行狀' 2편을 수록함.

　　　(1) 권1~8　　　　　書
　　　(2) 권9,10　　　　經說
　　　(3) 권11,12　　　　禮說
　　　(4) 권13,14　　　　雜著
　　　(5) 邵南遺稿(箚疑)　邵南先生儀禮經傳箚疑
　　　　　　　　　　　　邵南先生儀禮通解箚疑(續)
　　　　　　　　　　　　邵南先生禮記箚疑
　　　　　　　　　　　　邵南先生疑禮問解箚疑
　　　　　　　　　　　　邵南先生喪禮備要箚疑
　　　(6) 附錄　　　　　邵南尹先生行狀草(遺集草)
　　　　　　　　　　　　邵南先生尹公行狀(順菴集)

2) 『遺集草』와 『遺稿』의 필사(筆寫) 서지사항 비교

① 『유집초』와 『유고』는 같은 판형을 지향

● 동일한 내용 부분인 『유집초』의 권1 첫 부분 經說(좌)과 『유고』의 권9의
첫 부분 經說(우)

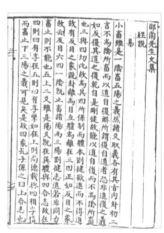

– 큰제목 『邵南先生文集』, 중간제목 「經說」, 작은 제목 '易'이 한
  자씩 낮아지는 배치.
– 본문이 '小畜~'으로 시작하여 '~上合志也'로 끝나는 것까지 동일.
– 『유집초』와 『유고』의 판면은 12행 × 24자로 동일한 배열.

● 동일한 내용인 『유집초』의 권1 마지막 부분 2면(상)과 『유고』의 권9 마지막 부분 2면(하)

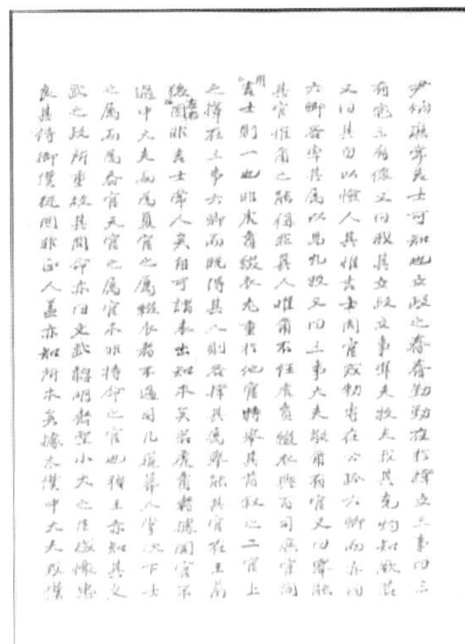

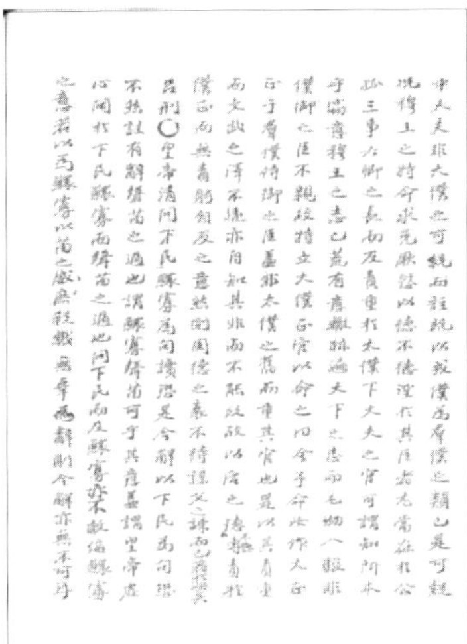

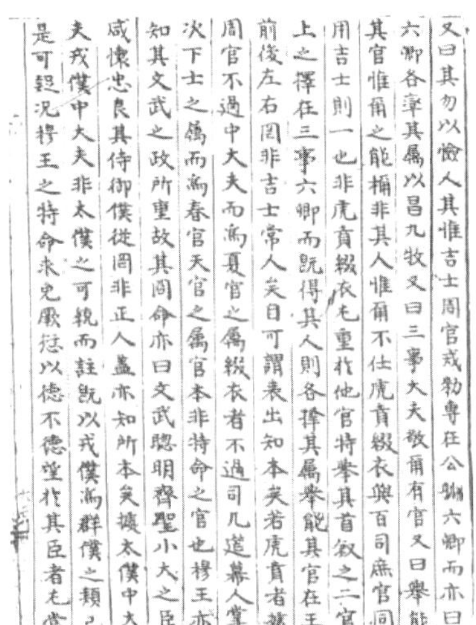

又曰其功以儉人其惟吉士周官戒勅專任公孤六卿而亦曰
六卿各率其屬以昌九牧又曰三事大夫敬爾有官又曰舉能
其官惟爾之能稱非其人惟爾不任虎賁綴衣與百司庶官同
用吉士則一也非虎賁綴衣乇重於他官特擧其首叙之二官
上之擇在三事六卿而既得其人則各擇其屬擧能其官在王
前後左右罔非吉士常人矣自可謂表出知本矣若虎賁者擯
周官不過中大夫而爲夏官之屬綴衣者不過司几筵幕人掌
次下士之屬而爲春官天官之屬官本非特命之官也穆王亦
知其文武之政所重故其冏命亦曰文武聰明齊聖小大之臣
咸懷忠良其侍御僕從罔非正人盖亦知所本矣擢太僕中大
夫戒僕中大夫非太僕之可親而註既以戒僕爲群僕之類己
是可疑况穆王之特命求免厥愆以德不德望於其臣者乇當

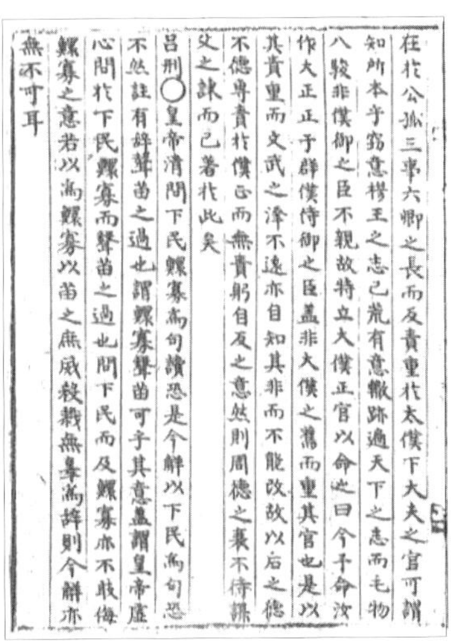

在於公孤三事六卿之長而反責重於太僕下大夫之官可謂
知所本乎竊意穆王之志己荒有意轍跡遍天下之志而乇物
八駿非僕御之臣不親故特立大僕正官以命之曰今予命汝
作大正正于群僕侍御之臣盖非大僕之獨而重其官也是以
其責重而文武之澤不遠亦自知其非而不能改故以后之德
不德專責於僕臣而無責躬自反之意然則周德之衰不待誅
父之詠而己著於此矣
呂刑◯皇帝清問下民鰥寡爲句讀恐是今辭以下民爲句恐
不然註有辭辭苗之過也謂鰥寡辭苗可乎其意盖謂皇帝虐
心問於下民鰥寡而辭苗之過也問下民而及鰥寡亦不敢侮
鰥寡之意若以爲鰥寡以苗之虐威殺戮無辜爲辭則今辭亦
無不可耳

- 『유집초』의 마지막 행과 바로 그 앞 행이 26자로 배치되어 있어
  서 두 행의 글자를 합치면 52자가 된다.
- 엄격하게 24자씩 배치한『유고』에서는 두 행에 48자를 배치하
  고 남는 넉 자가 마지막 행에 적혀있다.
- 『유집초』에서 마지막 행까지 24자씩 배치하고 나면 넉 자를 새
  행에 적어야 하는데, 마지막 면이라서 새 종이에 넉 자만 적고
  철해야 한다.
- 『유집초』의 필사자는 마지막 면인 것을 인지한 뒤에 남은 글자
  를 세어보고 마지막 두 행에는 26자를 적으면 새 종이를 절약할
  수 있다고 판단한 것이 아닌가 짐작된다.
- '呂刑○' 항목이『유집초』는 9번째 행에서 시작,『유고』는 8번째
  행에서 시작한다.
- 두 본의 글자 수가 달라졌다.
- 『유집초』에서 그 원인을 바로 확인할 수 있는데, 8번째 행의 글
  자 수가 28자로 넉 자나 많게 배치되었다. 새 종이 절약의 이유
  일 것을 여기서도 짐작할 수 있다.
- 이것을『유고』에서 24자만 적고 남는 글자를 다음 행으로 넘기
  면 다음 행에 4자가 배치되어야 한다. 그런데 9자가 배치되었다.
- 『유집초』의 이 항목 앞 부분 7번째 행 21번째 글자 '德' 아래에
  '不德'을 추가하라고 되어 있고, 그 앞면 6번째 행과 8번째 행에
  각기 '用' '左右'를 추가하라고 되어 있다.
- 『유고』에서는 추가한 글자가 모두 정서되어 있다.
- 따라서『유고』에서는 추가된 글자 5자와 과잉 배치된 4자를 합
  하여 9자가 늘어난 것이다.

② 판면 구성이 중간부터 바뀜

● 『유집초』 권6의 23장 「上星湖先生書 丁卯」의 別紙(좌)와 권 13의 1장 「答李象靖」의 2면(우)

- 권1부터 권5까지는 12행×24자가 판면의 주를 이루고, 간혹 13행×26자로 판면을 이루기도 한다.
- 권6부터 권13까지 13행×26자로 판면을 구성하였다. 권6을 필사할 때부터 판면에 글자를 더 많이 배치하는 방향으로 전환한 것으로 짐작된다.
- 이 부분에는 「書」가 수록되어 있다.

● 『유고』의 권1의 13면(좌)과 권2의 36면(우)

- 『유고』에서 「書」는 권1에서 권8까지 수록되어 있다.
- 『유고』의 권1까지는 12행×24자로 구성되었다.
- 『유고』의 권2부터 권8까지 12행×26자로 구성되었다.
- 판면에 글자를 더 많이 배치하는 방향으로 전환하였는데, 줄을 미리 찍어두었기 때문에 행까지 늘리지는 못한 것으로 짐작된다.

③ 正書할 것을 염두에 둔 메모

● 『유집초』 권6(書) 앞면에 적혀 있는 '正書式'

- 첫 번째 단에서 매장마다 20행을 구성하라고 하였으니 한 면은 10행이 된다. 1행에는 20자를 배치하라고 하였다. 1권은 40장,

1책은 상·하 2권(80장) 정
도로 꿰맸다.

– 두 번째 단에서 "이 책의 자
수는 매우 많으니 정서하면
많이 늘어난다(零餘)."고 적
고, 늘어날 분량을 계산해
두었다.

– 1장 반을 정서하면 2장 반
이 된다고 한다. 『유집초』 6
권의 판면 배치 방식인 13
행×26자를 기준으로 보면
한 면에 338자가 들어가고,
정서식의 10행×20자로 배
치하면 한 면에 200자가 들

어간다. 『유집초』의 1장 반은 507자, 정서식의 2장 반은 500자
로 계산이 부합한다.

– 그러나 이 '正書式'으로 정리된 필사본은 발견되지 않았다.

④ 『유집초』의 書 1장의 2면 '東奎某'가 『유고』 卷1 書 1면 상단에
'某'로 표기

– 『유집초』 판면 위의 별주에 "某자는 모두 마땅히 諱자를 바로
써야 한다. 이후로 모두 마찬가지"라고 적혀 있다.
– 그러나 『유고』에는 모두 某로 되어 있다.

⑤ 『유집초』의 籤紙가 『유고』에는 正書됨
● 『유집초』의 권1, 5장의 첨지가 접힌 상태(왼쪽)와 펼쳐진 상태(오른쪽)

- 이 첨지의 내용이 『유고』 권9(經說) 241면 상단에는 아래와 같
  이 두 항목의 사이에 정서되어 있다.

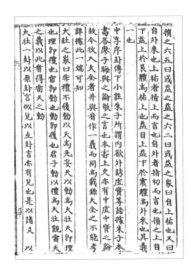

● 『유집초』의 권2, 37장의 점지가 접힌 상태(왼쪽)와 펼쳐진 상태(오른쪽)

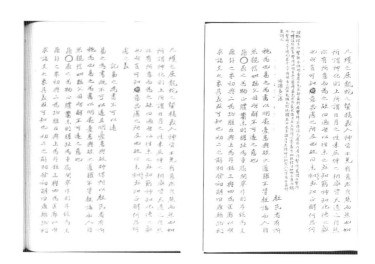

－ 이 첨지의 내용이 『유고』 권10(經說) 286면 상단에는 두 항목의
    사이에 「論讀易之法」이라는 제목 아래 정서되어 있다.

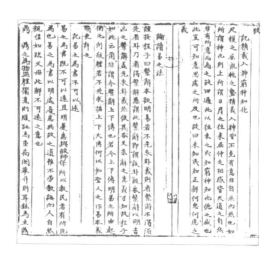

⑥『유집초』의 오자와 오류 처리

● 『유집초』권6의 3장(좌)과 『유고』권1의 2면 상단

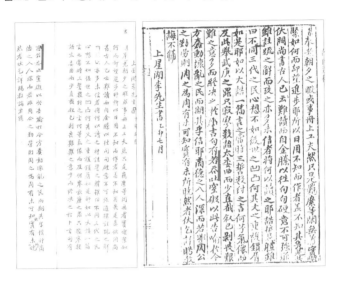

- 『유집초』에서는 '有有'라고 거듭 적어 잘못된 부분에 ' ' 표시를
  해두었다. 생략하라는 의미이다. 『유고』에서는 해당 부분에 '有'
  한 글자만 바로 적었다.

● 『유집초』 권4의 24장(좌)과 『유고』 권12(經說)의 338면(우)

- '儀禮父卒則爲母疏記疑'의 끝 부분인데, '杜義賀'의 '義'자는 '議'
  로 적어야 한다고 되어 있지만, 『유고』에는 그대로 '杜義賀'로만
  적혀 있다.

⑦ 제목 설정

● 『유집초』 권6, 8장(좌)과 『유고』 권1, 5면 상단(우)

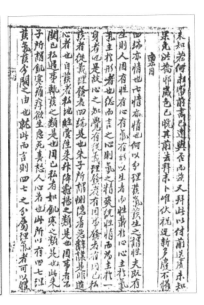

- 『유집초』에서 뒤늦게 적은 듯 행 중간에 '稟目'이 적혀 있고, "품
목 두 자는 별행에 적되 석 자 낮추어 적으라."고 하였다. 『유고』
에는 석 자가 아닌 두 자만 낮추었지만 제목으로 보이게 적었다.

⑧ 위치 이동

● 『유집초』 권4, 24장(좌)과 『유고』 권12, 335면(우)

- 『유집초』 권4의 24장에서는 "이것은 마땅히 '禘祫續說' 아래에 있어야 한다."는 주석이 달려 있고, 『유고』에는 그 자리로 옮겨져 있다. 『유집초』에서는 '儀禮父卒則爲母疏記疑' 아래에 있었다. 목차에서도 확인할 수 있다.

⑨ 『유집초』에 게재 안 된 劄疑가 『유고』에 게재

● 『유고』에만 수록된 차의의 목차와 본문의 시작하는 부분

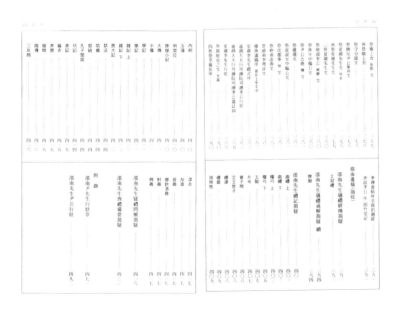

- '차의'에는 '儀禮經傳箚疑', '儀禮通解箚疑', '禮記箚疑', '疑禮問解 箚疑', '喪禮備要箚疑'로 엮어져 있다.

⑩ 行狀 2종

● 『유집초』에는 「邵南尹先生行狀草」가 附錄성격의 別冊으로 첨부됨.

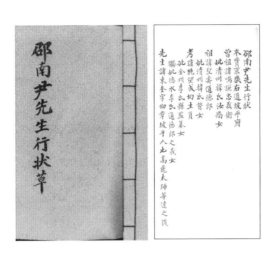

● 『유고』에는 위의 「邵南尹先生行狀草」와 安鼎福의 「邵南先生尹公行狀」(順菴集) 등 2종을 모두 '부록'으로 수록함.

4. 『소남유고(邵南遺稿)』의 경학적(經學的) 위상(位相)

1) 『韓國經學資料集成』(성균관대 大東文化研究院, 1998)

『한국경학자료집성』 중 邵南 尹東奎의 저술이 실려 있는
"經說—論語"편과 "經說—易"편

　　우리나라 전근대사회 특히 조선시대의 학문과 사상의 중심은 儒學
이고, 유학의 근본체계는 四書五經 등 유교경전에 근거하고 있다. 따
라서 경전의 解釋史는 곧 儒學史라 할 만큼 그 속에 역대 학자의 철학
적 사유의 기초와 사상이 담겨있다. 뿐만 아니라 여러 학설의 논쟁도
대개 경전의 해석을 둘러싸고 전개되었다. 그러나 수백 년에 걸친 수
많은 학자들의 방대한 경전관계 저술들이 때로는 문집 속에 때로는

독립된 저술로 남겨져 정리되지 않은 채 방치되어왔기 때문에 오늘의
학자 개인들로서는 접근할 엄두조차 내기 어려웠다. 이러한 형편 위
에 유학사상의 연구는 개인 및 학파 연구, 성리학적 논변 연구 등에
머물렀고, 실학의 경우에는 그것의 정치·사회·경제적 의미와 역사적
성격을 말하기는 하나 그 사상의 근거가 되는 경학, 곧 철학적 사고
와 사유체계에 대한 연구가 뒷받침되기에는 부족했다.

　대동문화연구원은 이러한 점에 착안하여 우선 연구대상이 될 자료
의 발굴·수집과 정리사업으로『한국경학자료집성』의 편찬을 시작하
게 되었다.

　『한국경학자료집성』은 1988년 1차로 大學·中庸篇이 간행되었다.
이어 매년 간행하여 10년만인 1998년에야 禮記·春秋篇(22책)을 끝으
로 145책의 방대한 규모의 자료집을 完刊하기에 이르렀다.[8]

---

8)『한국경학자료집성 총목록』(대동문화연구원, 1998)

『한국경학사료집성』(1988~1998) 145책 간행표

大學편 (8책)	1988년 간행	(1~8책)
中庸편 (9책)	1988년 간행	(9~17책)
論語편 (17책)	1989년 간행	(18~34책)
孟子편 (14책)	1991년 간행	(35~48책)
書經편(上)(11책)	1993년 간행	(49~59책)
書經편(下)(11책)	1994년 간행	(60~70책)
詩經편 (16책)	1995년 간행	(71~86책)
易經편(上)(23책)	1996년 간행	(87~109책)
易經편(下)(14책)	1997년 간행	(110~123책)
禮記편 (10책)	1998년 간행	(124~133책)
春秋편 (12책)	1998년 간행	(134~145책)

위의 四書五經 주석·해석 자료집에 소남 윤동규의 「經說」자료가
들어있지 않은 곳은 大學·中庸 두 편뿐이다. 그 밖의 논어·맹자, 서
경·시경·역경·예기·춘추에 각각 적지 않은 분량의 윤동규의 경학자
료가 선정 수록되어 있다.[9] 윤동규는 성호 이익의 첫 번째 문인으로
서 주목되는 經學家 임을 알 수 있다. 그의 유고『소남선생유집초』와
『소남유고』의 원고가 된 복사본 '소남유고'가 모두 「經說」을 앞에 신
고「雜著」,「書」가 뒤로 가 있는 체제인 까닭이 「경설」의 비중을 말해
주는 것이었음을 알 수 있다.

大東文化研究院이『邵南遺稿』영인본을 간행(2006년) 하기 훨씬

---

9) 윤동규(尹東奎)의 「經說」이 수록된 『한국경학자료집성』의 권차.
   논어(23책), 맹자(39책), 서경(57책), 시경(71책), 역경(100책), 예기(128책),
   춘추(138책).

이전인 1980년대에 이미 유일한 복사본(대동문화연구원이 60년대 말 부터 가지고 있던)을 재복사하여 『한국경학자료집성』기획 간행의 자 료로 사용하였으니 윤동규는 경학자료집성을 통해 경학 전반에 걸쳐 누구보다 많은 연구실적을 남긴 중요한 경학가로 알려지게 되었다.

아래의 「한국경학자료집성 총목차」를 통해 이를 확인할 수 있다.[10]

「한국경학자료집성 총목차」의 소남 윤동규 저술 부분

---

10) 대동문화연구원은 한국경학자료집성의 완간과 함께 『한국경학자료집성 총목 록』(같은 책)과 『한국 경학가 사전』(崔錫起 著)을 펴내었다.

2) 『國際儒藏』(中國人民大學出版社·華夏出版社)

중국이 東아시아 한자·유교 문화권의 經學자료를 모아 「儒經」을 낼 것이라는 소문이 진작부터 있어왔는데, 2010년 中國人民大學出版社와 華夏出版社가 『國際儒藏』이라는 이름으로 『論語』와 『孟子』편을 간행하였다. 연이어 『中庸』·『大學』등 四書를 정리하고, 五經은 기획중이라고 한다. 간행한 『論語』와 『孟子』편에서 윤동규의 「經說」이 실린 부분을 살펴보자. 『論語』편 앞부분에 수록目錄을 정리해두었는데, 『國際儒藏韓國編四書部論語卷目錄』의 【論語卷二】에 [韓國經學資料集成論語第六冊]이라는 출전을 밝히고 尹東奎의 「論語經說」을 목차로 소개하였다.

본문 400面에는 「論語經說」(韓) 尹東奎 著라는 간지를 넣고 해제(題解)에 저자를 짧게 소개하고 「經說」내용을 항목별로 실어 놓았다. 해제는 李明學 교수가 했다.

『孟子』편도 같은 방식이다. 모두 大東文化研究院의 『한국경학자료집성』에서 옮겨 실은 것임을 밝혔다. 해제는 경학연구자 崔錫起 교수가 썼다.

중국 『국제유장』의 韓國編은 거의 모두 『한국경학자료집성』을 재편집해 놓은 것으로 보인다. 그렇다 하더라도 중국 『국제유장』의 발간을 통해 우리는 소남 윤동규의 경학연구가 『한국경학자료집성』과 함께 동아시아, 국제 유학 연구계에 자료로써 크게 주목되고 있음을 확인할 수 있다.

● 『國際儒藏』 ― 論語

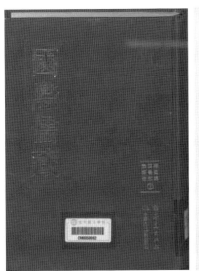

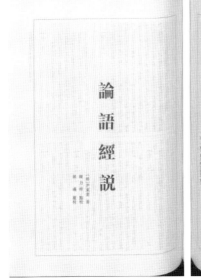

● 『國際儒藏』— 孟子

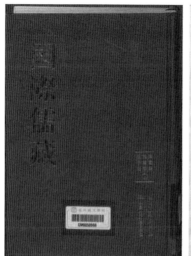

5. 맺음말

1) 1976년, 내가 대동문화연구원의 연구조수 일을 보면서 그 전부터 복사본 원고로 연구원에 전해오던 파평윤씨 집안의 『소남유고』(윤동규)와 『무명자집』(윤기)의 간행을 기획하였다. 다행히 『무명자집』은 후손과 닿아 원문 일부와 유품 유묵을 확인하고 1977년에 영인 간행하였으나 소남유고는 후손을 찾지 못하였다. 이 과정에서 나는 두 책의 복사 원고본이 일찍이 성대 교수로 와서 대동문화연구원 원장을 지낸 두계 이병도 박사 시절에 입수되었음을 알게 되었다.

2000년 초 내가 大東의 원장 일을 볼 때 겨우 소남 윤동규의 종손댁을 찾게 되어 『소남선생유집초』라는 초고본과 적잖은 유묵 유품을 확인 발굴하였다. 그리고 나서 2006년에야 보관해온 복사본 소남유고를 중심으로 『소남유고』 영인본을 간행하였다. 기왕의 복사본 소남유고에서 편지글(書)을 문집 일반 체제에 가깝게 앞쪽으로 옮겼다. 보관해온 『무명자집』과 『소남유고』 복사본은 둘 다 영인간행할 때 원고(대본)로 해체 활용하였다.

2) 소남 윤동규의 遺稿 3종 체제(編次) 비교

『邵南先生遺集草』	『邵南遺稿』	『邵南遺稿』
(종손 윤형진 소장)	(大東에 전해온 복사본)	(大東 영인본 2006)
經說 권1,2	經說 권1,2	書 권1~8
禮說 권3,4	禮說 권3,4	經說 권9,10
雜著 권5	雜著 권5	禮說 권11,12
書 권6~13	書 권6~13	雜著 권13,14
邵南行狀草	箚疑 上,中,下	箚疑 5種
		附錄 行狀草(遺集草에서)
		行狀(順菴集에서)

3) 『遺集草』와 『遺稿』의 판형과 필사 서지사항 비교

필사 문집 『유집초』와 『유고』는 같은 판형을 지향하며, 판면은 둘다 12행×24자로 동일하게 배열하여 시작하였으나 도중에 다소 달라지기도 한다.

『유집초』는 필사 용지(원고지)에 둘레 반곽이 없고 행간선도 없는 白單面紙를 사용하였고, 『유고』는 둘레 반곽이 있고 행간선도 쳐져 있는 兩面一張의 문집체제 용지를 사용하였다. 『유집초』는 편차·목차가 없고 卷次·張數 표기가 없다. 이에 비해 『유고』는 1장(張) 양면 사이에 版心 공간이 있어서 그 上下에 二葉花紋魚尾를 새겨두었다. 그럼에도 册名·卷次·張數 등 版心의 내용은 비어 있다. 『유고』는 「箚疑」에서 行中에 雙行註를 사용하기도 하였다.

『유집초』에는 곳곳에 誤字나 잘못된 문맥, 빠진 글제목, 글의 위치, 내용 첨지 등 교정을 보아두었으나 『유고』에서는 대개 이를 반영하여 바로잡아 놓았다. 이를 보아 『유고』가 완전한 필사본 『文集』 체제에 가까운 원고본임을 짐작할 수 있다.

4) 대동문화연구원이 영인본『소남유고』를 냄으로서 윤동규에 대한 관심과 연구가 높아져 왔다. 한편으로는 유고의 간행 이전에 이미 소남의 경설·경학이『한국경학자료집성』(145책)에 집중 수록되었고, 최근에는 해외의 동아시아 유교 경전 정리 사업인 중국의『국제유장(國際儒藏)』에 그 내용이 다시 소개되고 있다. 소남의 경학적 위상을 해내·외에서 주목하게 된다.

덧붙일 말은 대동문화연구원의『邵南遺稿』(성균관대 출판부)가 인쇄 상태가 좋지 못해서 판독이 어려운 부분이 있다는 점이다. 내가 찾아낸 그 원고본(대동문화연구원에 전해온 복사본)의 작업용 재복사 내용을 대동문화연구원이나 종손에게 맡겨 영상으로 비교해 확인할 수 있도록 하려 한다. 종손이 소장해온『邵南先生遺集草』와 함께 살펴보면 더욱 확실하게 읽을 수 있을 것 같다.

『坤輿圖說』의 조선 전래
-성호학파의 독서 기록을 중심으로

허경진 연세대 명예교수·박혜민 용인대 강사

1. 들어가는 말

조선후기 지식인들이 가지고 있었던 전통적인 지리 인식은 중국을 중심에 둔 틀 안에 주변지역을 배치하는 공간과 그것을 설명하는 『서경(書經)』「우공편(禹貢篇)」의 구주(九州)와 오복(五服)의 관념을 전제로 한다. 구주는 조세수취의 목적에 의해 분류되는 공간이고, 오복은 중앙과 떨어진 거리에 따라 그 친소관계와 문화적 수준이 결정되는 공간이다.[1] 중국왕조는 오복 내 외곽 지역을 이역(異域)[2]이라고 하고 정사(正史) 외국전(外國傳)의 서술을 통해 이러한 안과 밖의 공간을 설정하고 직방세계(職方世界)라는 관념을 강화시켰다.[3]

한편「우공편」의 구주와 오복이 중국 왕조의 정치적 관념을 반영

---

1) 호리 도시카즈, 『중국과 고대 동아시아세계-중화적 세계와 여러 민족들』, 동국대학교출판부, 2012, 80~82면.
2) 배우성은 이역(異域)에 대해 명나라 때와 그 이전 정사(正史) 외국전(外國傳)에 기록된 지역과 17세기 전후로 중국과 통교하기 위해 접근한 유럽의 나라들을 나누어 전자는 '전통적인' 이역으로, 후자는 '새로운' 이역으로 설명한다. 청나라가 전자의 경우 역사적으로 조공관계로 맺어진 나라로 인식하였다면, 후자의 경우 미래에 새롭게 조공관계를 맺을 지역으로 간주하였기 때문이다. 그래서 '이역'이라는 개념은 직방세계와 연관된 개념으로 보았다(배우성, 『조선과 중화』, 돌베개, 2016, 415~418면).
3) 이십사사(二十四史) 중 이십이사(二十二史)가 외국열전을 수록하고 있으며 중국왕조와 관련 있는 이역을 다루면서 조공관계로 맺어 있다고 서술하였다(고병익, 「중국역대정사의 외국열전 -조선전을 중심으로-」, 『대동문화연구』 2권, 성균관대학교 동아시아학술원, 1966, 2~5면).

하는 지리적 공간이라면, 『산해경(山海經)』은 여기서 배제되는 이역을 포용한다. 전설 속 나라들, 검증되지 않은 미지의 지역들은 『산해경』의 해외(海外) 동·서·남·북의 공간을 채웠다. 『산해경』은 '해외'라는 공간을 설정하여 지리적 경계를 한계 짓지 않음으로써 새로운 지리 정보가 생기면 쉽게 삽입할 수 있는 구조를 가지고 있었다.4) 그래서 17세기 예수회 선교사 마테오 리치(Matteo Ricci, 利瑪竇, 1552~1610)를 시작으로 서양인들이 한역(漢譯) 세계지리지(世界地理志)와 지도를 편찬하여 새로운 세계지리 지식을 전달했을 때 조선에서 이수광이 유럽에 관한 지리 정보를 『산해경』의 나라들과 연결하여 이해하였던 것은 전통적 지리관을 가졌던 그에게 있어 자연스러운 발상이었다.5)

조선인들에게 구체적인 유럽에 대한 지식을 전달한 것은 연행사(燕行使)로 알려진 부경사행(赴京使行)의 전문(傳聞) 및 서적수입과 국내의 선교사들의 활동에 의한 것이었다. 물론 서양인의 표착(漂着)과 이양선의 난파(難破)를 통해 조선인들은 서구의 대포, 총기 등에 대한 정보를 수집하고 이를 토대로 홍이포와 신식 소총의 제조에 성공하는 쾌거를 거둔 바 있다.6) 그러나 조선 지식인들에게 서구의 새

---

4) 임종태, 『17, 18세기 중국과 조선의 서구 지리학 이해』, 창비, 2012, 253면.
5) 박혜민, 『조선후기 이역 인식』, 연세대학교 국어국문학과 박사논문, 2017, 62면.
6) 1627년 조선에 표착한 박연이 훈련도감에 소속되어 대포와 총기 개조 및 개발에 성공하여 나선 정벌에서 성과를 낸 사실과 1653년 하멜 일행의 난파한 선박에서 대포와 무기를 건져내어 훈련도감으로 공수하여 이를 조선식으로 개량하였던 사정은 다음의 연구를 참조할 수 있다(원재연, 「파도에 휩쓸려 온 네덜란드인 박연」, 『이미 우리가 된 이방인들 - 우리역사를 바꾼 이방인들의 발자취』, 동녘, 2007, 211~251면 ; 반윤홍, 「조선후기의 대구라파인식-실학발생의 외적요인과 관련하여-」, 『국사연구』 82-1, 조선대학교, 1982.

로운 지식을 체계적이고 지속적이며 여러 분야에 걸쳐 전달했던 것은 선교사들에 의한 한역(漢譯) 지도와 여러 한역서학서[7]이었다. 본고는 한역서학서 중 하나인 『곤여도설』을 소개하고 성호학파의 독서기록과 필사본을 통해 『곤여도설』의 조선 전래를 밝히는 것을 목표로 한다.

2. 『坤輿圖說』의 내용과 구성

『곤여도설』의 저자 페르비스트(Ferdinand Verbiest, 1623-1688)는 예수회의 수사이며 중국명은 남회인(南懷仁)이다. 1659년 중국에 건너와 서안(西安)에서 전교활동을 하였다. 1660년 흠천감(欽天監) 감정(監正) 아담 샬(Adam Schall von Bell, 1591-1666)의 도움으로 북경(北京)으로 진출하여 흠천감에서 일하게 된다. 그는 주로 개력(改曆) 사업, 대포 주조 등으로 강희제(康熙帝)의 신임을 받았으나, 그 외에 세계 지리와 지도, 천주교리서 등의 편찬에도 적극적이었다. 그 중 『곤여도설』은 그가 1672년에 북경(北京)에서 상·하 2권 1책으로 간행한 세계 지리서였다.[8]

---

7) 명말청초 선교사들의 저술은 한역(漢譯)되어 유통되었기 때문에 한역서양학술서(漢譯西洋學術書, 이원순), 한역서양서(漢譯西洋書, 강재언), 서학관계한문서(西學關係漢文書, 최소자), 한문서학서(漢文西學書, 박성순), 한문서서(漢文西書, 鄒振環)으로 지칭된다.

8) 페르비스트는 『곤여도설』을 저술하기 전에 『곤여격치약설(坤輿格致略說)』이라는 책을 썼다. 이 책은 곤여(坤輿)와 격치(格致)로 구분되어 있는데, 격치는 물론 『대학장구(大學章句)』의 팔조목 가운데 격물(格物)·치지(致知)의 개념을 가져다 쓴 용어이다. 이 책은 『곤여도설』의 상권과 하권의 구분과 이름은

그리고 2년 뒤인 1674년에 세계지도 『곤여전도(坤輿全圖)』를 제작하였다. 이 지도는 동서양의 양반구도(兩半球圖)로 만들어졌고 오대주와 사대양이라는 시각적 정보 외에도 각 지역의 지리정보 및 기이한 동물, 어류 등에 대한 기사를 삽입하였다. 이는 지도와 『곤여도설』의 내용을 결합한 것으로 지구의 둘레, 지진, 바다의 조석, 바람, 공기 등 상권의 내용은 물론 각 대륙별로도 하권의 내용을 상당 부분 싣고 있다. 이전에 간행된 마테오 리치의 『곤여만국전도』에 비해 인문지리를 보다 많이 수록하였다. 페르비스트가 이러한 방식으로 지도를 간행한 이유는 새로운 독자를 위한 것이었다. 마테오 리치가 황제 및 고위관리를 대상으로 지도를 제작하였다면, 그는 일반인들을 대상으로 그들의 흥미를 끌만한 요소를 보다 추가한 것이었다.[9]

페르비스트는 『곤여도설』을 저술하기 전에 『곤여격치약설(坤輿格致略說)』이라는 책을 썼다. 이 책은 곤여(坤輿)와 격치(格致)로 구분되어 있는데, 격치는 물론 『대학장구(大學章句)』의 팔조목 가운데 격물(格物)·치지(致知)의 개념을 가져다 쓴 용어이다. 이 책은 『곤여도설』의 상권과 하권의 구분과 이름은 다르지만, 내용은 대동소이하다.[10]

『곤여도설』의 상권은 중국과 외국이 곤여도에 펼쳐진 이치, 지체(地體)의 모습, 지원(地圓), 지구의 양극, 지진, 산악 등의 편차로 이루어졌다. 말하자면 자연지리학에 해당하는 부분이다. 하권은 아시아, 유럽, 아프리카, 아메리카, 마젤리니카 대륙으로 구분하여 나라들의

다르지만, 내용은 대동소이하다. 쩌우전환 저, 한지은 역, 『지리학의 창으로 보는 중국의 근대』, 푸른역사, 2013, 51면.

9) 오상학, 『조선시대 세계지도와 세계인식』, 창비, 2011, 168~169면.
10) 쩌우전환 저, 한지은 역, 『지리학의 창으로 보는 중국의 근대』, 푸른역사, 2013, 51면.

도리(道里), 산천, 풍속, 산물 순으로 서술한다. 그 외에도 「사해총설(四海總說)」에 각종 동물을 삽화와 같이 소개하고, 「칠기(七奇)」에 서양의 7대 불가사의와 로마의 콜로세움에 대한 내용을 담고 있다.

『곤여도설』에는 서문이 없어 페르비스트의 저술 의도를 명확히 알기는 어렵다. 그러나 상권 첫 부분에서 이전 예수회 선교사들이 저술한 한역지리서가 있음에도 불구하고 자신이 새롭게 지리서를 쓴 이유를 밝히고 있다. 아래는 『곤여도설』 상권 첫 부분이다.

> 『곤여도설』은 온 땅이 서로 이어지고 꿰뚫어 하나가 되는 큰 단서를 논한 책이다.
> 지형(地形)·지진(地震)·산악(山岳)·해조(海潮)·해동(海動)·강하(江河)·인물(人物)·풍속(風俗)·각 지방의 생산(生産) 등에 대해서는 모두 동학(同學)인 서양 학자 마테오 리치[利瑪竇], 줄리오 알레니[艾儒略], 알폰소 바뇨니[高一志], 사바틴 데 우르시스[熊三拔] 등의 여러 학자들이 천지(天地) 경위(經緯)의 이치에 대하여 환히 알았으므로 예전에 상세한 논의를 거쳤으며, 『공제격치(空際格致)』, 『직방외기(職方外紀)』, 『표도설(表度說)』과 같은 책들이 이미 세상에 간행된 지 오래 되었다. 이제 이 책의 내용들을 간략하게 모으고 후학들의 새로운 논의를 많이 더하여, 선현(先賢)들이 찾아내지 못했던 대지(大地)의 진리를 밝혀내고자 한다.[11]

---

11) 『坤輿國說』者, 乃論全地相聯貫合之大端也, 如地形·地震·山岳·海潮·海動·江河·人物·風俗·各方生産, 皆同學西士利瑪竇·艾儒略·高一志·熊三拔, 諸子通曉天地經緯理者, 昔經詳論, 其書如『空承格致』·『職方外紀』·『表度說』等, 已行世久矣, 今撮其 簡略, 多加後賢之新論, 以發明先賢所未發大地之真理(『坤輿圖說』指海本 下卷「亞細亞」).

페르비스트는 자연지리를 쓰는 데 참고한 서적으로 『공제격치』와 『표도설』을 밝히고 있다. 『공제격치』는 알폰소 바뇨니(A.Vagnoni, 高一志, 1566~1640)가 저술하고 한운(韓雲)과 진소성(陳所性)이 교정하여 1633년에 간행한 한문서학서이다.12) 그리고 『표도설』은 사비아틴 데 우루시스(Sabbathin de Ursis, 熊三拔, 1575~1620)가 저술하고 이지조(李之藻)가 편집한 『천학초함(天學初函)』 기편에 실려 있다.

인문지리의 경우 참고한 서적은 『직방외기』이다. 이 책은 알레니가 양정균(楊廷筠, 1557~1627)의 도움으로 1623년 판토하와 우르시스가 번역한 필사본을 증보하여 만든 것이다. 선행연구에 의하면 알레니가 서양에서 유행한 세계지리 요점정리와 예수회 선교사였던 테렌즈(joannes Terrenz, 鄧玉函, 1576~1630)와 고즈(Benedict Goes, 鄂本篤, 1562~1607)가 제공한 인도와 중앙아시아와 관련한 최신 지리 정보를 넣어 『직방외기』를 편찬하였다고 한다.13) 『직방외기』는 당대 널리 읽혔던 지리서였는데, 페르비스트는 새로운 논의를 추가하여 이를 보완하는 방식으로 『곤여도설』을 편찬하였다고 밝히고 있다.14) 예컨대 '유대[如德亞]' 조목의 경우, 아래와 같이 『직방외기』에는 없는 내

---

12) 『공제격치』는 아리스토텔레스의 사원소설(四元素說)를 소개하고 있는데 조선에서 이익, 홍대용, 최한기 등이 이 책을 열람하였다(배주연, 「한문서학서(漢文西學書) 『공제격치(空際格致)』 연구」, 『한국고전연구』 37권, 한국고전연구학회, 2017, 227~230면).
   윤동규가 『곤여도설』 필사본 뒷표지에 쓴 목록에 의하면, 윤동규도 『공제격치』를 필사하여 읽었다(허경진, 『소남 윤동규』, 보고사, 2020, 240면).

13) 쩌우전환의 전게서(2013), 46~47면.

14) "國朝南懷仁撰. 懷仁, 西洋人, 康熙中官欽天監監正. 是書上卷自'坤輿'至'人物', 分十五條, 皆言地之所生. 下卷載海外諸國道里·山川·民風·物産, 分爲五大州, 而終之以西洋'七奇圖說'. 大致與艾儒略『職方外紀』互相出入, 而亦時有詳略異同."(『坤輿圖說』指海本 上卷).

용을 덧붙인다.

> 중국에서 서방에 성인이 있다고 하는 것은 아마도 이들을 가리키
> 는 것이 아닐까 한다. 옛 이름이 대진(大秦)이라는 곳이 있는데, 당
> 정관(貞觀) 연간에 일찍이 경전과 성상을 가지고 와서 (중국에) 머
> 물렀으며, 경교유행비(景敎流行碑)에 새겨져 있어 상고할 수 있다.15)

경교(景敎)는 네스토리우스파에 대한 중국에서의 호칭이다. 네스
토리우스파 신도들은 431년 에베소 공의회에서 이단으로 정죄된 후
635년 페르시아에서 알로펜(Alopen, 阿羅本)을 단장으로 한 선교단이
당나라 수도를 방문하여 태종을 예방하고 복음을 전했다. 한편 대진
경교유행중국비(大秦景敎流行中國碑)는 건중(建中) 2년(781)에 건립
된 것으로, 그동안 알려지지 않았다가 시안(西安)의 창안성(長安城)
인근에서 명나라 천계(天啓) 5년(1625)에야 발견되었다. 그러므로
1623년에 간행된 『직방외기』에는 수록할 수 없는 정보였다. 페르비스
트는 이러한 중국내 천주교와 관련된 최신 정보를 수집하여 『곤여도
설』에 추가 서술하였다.

『곤여도설』은 하권에서 서양의 복식, 건축, 생산활동, 혼례와 장례,
법률, 교육, 종교, 문화, 인물에 대해 많은 지면을 할애한다. 아래 예
시문은 이탈리아[意大理亞] 조에 나오는 기사 중 하나이다. 오늘날 바
티칸 소재의 성 베드로 대성당에 대한 묘사이다.

---

15) 中國謂西方有聖人, 疑即指此. 古名大秦, 唐貞觀中, 曾以經像求賓, 有『景敎流行
   碑』刻可考(『坤輿圖說』指海本 下卷「亞細亞」).

싱 베드로 대성당은 꽃같이 희고 깨끗한 돌을 사용하여 만들어졌
다. 5~6만명을 수용할 수 있고, 건물 높은 곳에서 아래의 사람을 내
려다보면 마치 어린아이처럼 보인다.[16)

이러한 문화경관에 대한 상세한 서술을 통해 중국과 멀리 떨어진
절역(絶域)임에도 결코 야만하지 않다는 것을 보여준다. 이는 성교
(聖敎) 즉 중국 성인 및 왕의 덕으로 감화받지 않아도 고도의 문화를
갖출 수 있다는 메시지를 중국 지식인들에게 전달하는 것이다. 그렇
다면 이에 대한 중국 지식인들의 반응은 어떠하였을까. 아래는 청조
의 관학 지식인의 관점을 엿볼 수 있는 『사고전서총목제요(四庫全書
總目提要)』의 '곤여도설' 조이다.

살펴보건대 동방삭(東方朔)의 『신이경(神異經)』에서는 다음과 같
이 말하고 있다. "동남쪽 대황(大荒)의 가운데에 박보(樸父)가 있는
데, 부부는 모두 키가 1천 리요, 허리둘레도 크다. 하늘이 처음 생겨
났을 때에 이들 부부로 하여금 모든 강하(江河)와 호수와 못 등의
모든 물길들을 만들도록 하였으나, 이들이 게을러 크게 염두에 두지
않자 [상제께서] 이들을 귀양 보내어 함께 동남쪽에 서 있게 하였는
데 먹지도 마시지도 않았고 추위와 더위도 두려워하지 않았다. 황하
의 물이 맑아질 때까지 그들 부부에게 다시 모든 물길들을 이끌어
인도하도록 하였다." 이 책 『곤여도설』에 구리로 만들어진 사람이
바다를 가로질러 서 있고 거대한 배들이 그 다리 아래로 지나다닌다
고 적혀 있는 것은, 『신이경』의 위의 말에 견강부회하여 빗대어 지

---

16) 聖伯多祿殿用精石製造, 花素奇巧, 可容五·六萬人, 殿高處視 在下人如孩童(『坤輿
圖說』下卷).

은 것인 듯하다.

(중략) 아마도 남회인이 (서쪽으로부터) 동쪽으로 온 이후에 중
국의 고서(古書)를 보고서 이를 모방하여 그 이야기들을 변환시킨
것이니, 반드시 모두가 사실인 것은 아니다. 그러나 여러 책들에 기
록된 것과 상선들을 통해 전해들은 이야기들을 자세히 조사하였으
니, 또한 분명하게 거짓이 아닌 것들도 있다. 비록 윤색한 문장들이
있기는 하지만 온전한 허구는 아니니, 보존하여 색다른 견문을 넓힌
다면 진실로 불가할 것이 없다.17)

먼저 『신이경』의 내용을 인용하여 지적하는 부분은 『곤여도설』의
「칠기」에 나오는 '동인거상(銅人巨像)'이다. 이는 에게해 로도스 섬의
거대한 헬리오스 청동상에 대한 이야기이다. 『사고전서총목제요』의
'곤여도설' 조의 필자는 "높이가 30장이며 항구에 자리하고 있는데 그
손가락의 둘레를 한 사람이 안아 에워싸기 힘들 만큼 크다. 돌 제단
을 밟고 선 두 다리의 사이가 얼마나 높고 넓은지 큰 배가 지나갈 수
있을 정도이다."라는 『곤여도설』 기사를 읽고 박보(樸父) 고사를 떠
올린다. 이 고사는 중국 신화에서 천제(天帝)가 박보와 그의 처를 지
상으로 보내 홍수를 관리하게 하였는데 그들이 세대로 일하지 않자
그들에게 세계의 동남쪽 끝에 영원히 서 있는 벌을 내렸다고 하는 이

---

17) 案東方朔『神異經』曰, "東南大荒之中有樸父焉, 夫婦竝高千里, 腹圍〈案, 此下當有
腹圍之里數, 原本脫佚, 今姑仍之〉自輔天初立時, 使其夫婦導開百川. 嬾不用意,
謫之竝立東南, 不飮不食, 不畏寒暑. 須河淸, 當復使其夫婦導護百川"云云. 此書
所載有銅人跨海而立, 巨舶往來出其胯下者, 似影附此語而作. (중략) 此書記此事
亦全與相合. 疑其東來以後, 得見中國古書, 因依仿而變幻其說, 不必皆有實跡. 然
核以諸書所記, 賈舶之所傳聞, 亦有歷歷不誣者. 蓋雖有所粉飾, 而不盡虛構, 存廣
異聞, 固亦無不可也(『四庫全書總目提要』 坤輿圖說二卷 內府藏本).

야기이나. 즉 그는 헬리오스 청동상을 서양인들이 말하는 태양의 신 따위가 아니라 박보의 모습이라고 단정한다.

이와 같이 서구의 발달된 문화에 대해 '중국'에서 기인한 것이라는 관점, 즉 중토기원론(中土起源論)은 청조 관학 지식인들에게 공통적으로 발견되는 학술적 입장이다.[18] 예컨대 천문학에 대해 매문정(梅文鼎)은 주나라 말기에 천문과 역산을 담당하던 주인(疇人)이 구고법(句股法)을 가지고 서쪽으로 가면서 서양의 기하학과 천문학이 시작되었다고 주장한다. 반면 중국에서는 진(秦)의 분서(焚書)로 인해 한대(漢代)에 이르러 구고법의 전수가 끊어진 것이기 때문에 청조 지식인들은 서양의 천문학을 수용하는 것에 대해 그들의 지식이 우월해서가 아니라 청소 지식인들은 본래 있었던 것을 되돌려 받은 것이라는 논리를 펼친다. 중국에 그 원류가 있다고 주장하는 이러한 관점은 천문학뿐만 아니라 서양의 온갖 분야까지도 확대된다.[19] 이러한 경향

---

18) 『明史』 曆志一 "西洋人之來中土者, 皆自稱甌羅巴人. 其曆法與回回同, 而加精密. 嘗考前代, 遠國之人言曆法者多在西域, 而東南北無聞. 唐之『九執律』, 元之『萬年曆』, 及洪武間所譯『回回曆』, 皆西域也. 蓋堯命羲·和仲叔分宅四方, 義仲·義叔·和叔則以隅夷·南交·朔方爲限, 獨和仲但曰'宅西', 而不限以地, 豈非當時聲敎之西被者遠哉. 至於周末, 疇人子弟分散. 西域·天方諸國, 接壤西陲, 百若東南有大海之阻, 又無極北嚴寒之畏, 則抱書器而西征, 勢固便也. 甌羅巴在回回西, 其風俗相類, 而好奇喜新競勝之習過之. 故則曆法與回回同源, 而世世增修, 遂非回回所及, 亦其好勝之欲爲之也. 義·和既失其守, 古籍之可見者, 僅有『周牌』範圍, 亦可知其源流之所自矣. 夫旁搜採以續千百年之墜緒, 亦禮秀求野之意也, 故備論也"(中國哲學書電子化計劃 DB) ; 四庫全書提要 『乾坤體義』 二卷 兩江總督 採進本 "明利瑪竇撰. 利瑪竇, 西洋人. 萬曆中航海至廣東, 是爲西法入中國之始. 利瑪竇兼通中西之文, 故凡所著書, 皆華字華語, 不煩繙繹. 是書上卷, 皆言天象, 以人居寒煖爲五帶, 與 『周牌』七衡說略同"(한국연구재단 토대연구 기초학문자료센터 사고전서 DB).
19) 노대환, 「조선후기 '서학중국원류설'의 전개와 그 성격」, 『역사학보』 178집, 역사학회, 2003, 114~115면.

은 『사고전서총목제요』의 필자가 『곤여도설』을 중국 고서의 내용을
꾸며 섞어 쓴 지리책이라는 평가에서도 고스란히 드러나고 있다.

3. 『坤輿圖說』 필사본의 저본 문제

한편 성호학파에서 서로 돌려보며 읽었던 한역서학서는 어디서 나
온 것일까? 아마도 스승 이익에게 빌려 본 서적일 가능성이 높다. 이
익의 서재에는 아버지 이하진(李夏鎭, 1628~1682)이 북경 사행에서
사들인 서적 덕분에 상당한 수준의 장서를 구비하고 있었다. 아래는
이익이 쓴 이하진의 행장(行狀)의 일부분이다.

> 정사년(1677) 봄에 (아버님이) 부제학이 되었다. [中略] 겨울에
> 사신으로 중국에 다녀오라는 명을 받고 특별히 가선대부(嘉善大夫)
> 의 품계에 승진되었다. 전에 사명을 받든 조신(朝臣)이 중국에서 돌
> 아올 때 『황조십육조기(皇朝十六朝紀)』를 얻어 왔다. 이 책에 우리
> 나라의 계해정사(癸亥靖社) 기사가 실려 있는데, 내용이 잘못되고
> 욕될 뿐이 아니었다. 능력있는 사신을 뽑아 보내어 잘못된 것을 바
> 로잡아 달라고 청하게 하려고 하였다. 친왕손인 복평군(福平君) 이
> 연(李楗)을 정사(正使)로 삼고, 부사는 의당 아경(亞卿) 가운데 재
> 덕과 문망이 있는 자로 삼아야 하는데, 다만 일이 지극히 어려우므
> 로 자격에 구애받지 말고 오직 사람만 보고 발탁하기로 하였다. 상
> 은 공을 염두에 두고 상신 허적에게 묻기를, "이하진이 어떠한가?"
> 하니, 허적이 싫어하면서 아뢰기를, "이하진은 학문은 넉넉하지만
> 외교에는 부족합니다." 하였다. 상이 이르기를, "학문이 넉넉하면 된

다.” 하고, 마침내 간택하였다. [中略]

　(이듬해) 3월에 비로소 하직 인사를 하고 중국에 사신으로 나갔
다. 평양에 이르렀을 때 연경에 상사(喪事)가 있다는 소식이 들리자
조정이 왕손인 복평군 이연을 불러 돌아오도록 하고, 공에게 상경
(上卿)의 가함(假銜)을 주어 진향정사(進香正使)로 삼고, 부사를 별
도로 차임하여 뒤따라가서 도중에 합류하도록 하였다. [中略]

　돌아올 때에 으레 선물로 내려 주는 은괴(銀塊)와 비단을 모두 써
서 고서(古書) 수천 권을 사 가지고 돌아왔다.[20]

　이하진이 중국에서 수천 권의 서적을 구매하여 돌아왔는데 구매목
록 안에는 한역서학서도 상당수 있었으리라 짐작된다. 그렇다면 윤동
규가 읽은 『곤여도설』은 어떤 판본이었을까. 현재 알려진 판본으로는
강희(康熙, 1662~1722년) 연간에 간행된 1672년 초판본과 1674년 사
고전서본(四庫全書本)이 있다. 강희제(康熙帝) 때 진몽뢰(陳夢雷)가
1706년에 완성한 것을 옹정제(雍正帝) 때의 장정석(蔣廷錫)이 이어받
아 1725년에 재편집한 『흠정고금도서집성(欽定古今圖書集成)』의 방
여휘편(方輿彙篇) 제3권 「곤여총부휘고(坤輿總部彙考)」3에도 상권이
부분적으로 실려 있다. 그 외에도 1836년부터 1845년까지 전희조(錢
熙祚, 1801~1844)와 그의 아들들 전배양(錢培讓)과 전배걸(錢培傑)
이 편찬한 총서에 포함된 일명 지해본(指海本)이 있다.

　현재 한국에는 목판본으로는 규장각에 간행연도 미상의 하권이 있
고 필사본으로는 윤동규가 필사한 상권이 있다. 그리고 각 대학 도서

---

20) 『星湖全集』 권67, 「先考司憲府大司憲府君行狀」 인용문은 한국고전번역원 DB
　 에 의하되 경우에 따라 수정 인용하기도 하였다.

관에는 상해상무인서관이 1935년부터 1937년까지 출판한 한적(漢籍)
을 모은『총서집성(叢書集成)』을 소장하고 있는데 이 총서 안에도『곤
여도설』이 실려 있다.21) 대만의 예문인서관판(芸文印書館版, 1970),
신문풍판(新文豊版, 1985)과 중국의 중화서국판(中華書局版, 1985~
1991), 상해서점판(上海書店版, 1994)의 총서집성 내 포함된『곤여도
설』은 모두 지해본을 저본으로 한 것이다. 아래는 윤동규의 필사본 조
목과 현재 확인할 수 있는『곤여도설』판본의 상권 조목을 비교한 것
이다.

〈표1〉『곤여도설』판본별의 조목과 윤동규 필사본의 조목 비교

상권 목차	사고전서본	고금도서집성본	지해본	윤동규의 필사본
中國與外國在『坤輿圖』內布列之理	×	○	×	○
地體之圓	○	○	○	○
地圓	○	○	○	○
地球南北兩極, 必對天上南北兩極, 不離天之中心	○	×	○	○
地震	○	×	○	○
山岳	○	×	○	○
海水之動	○	×	○	○
海之潮汐	○	×	○	○

21) 총서집성은 대만의 芸文印書館版(1970), 新文豊版(1985)과 중국의 中華書局版(1985~1991), 上海書店版(1994)이 있다.

상권 목차	사고전서본	고금도서 집성본	지해본	윤동규의 필사본
天下名河	○	×	○	○
氣行	○	×	○	○
風	○	×	○	○
雲雨	○	×	○	○
四元行之序並其形	○	×	○	○
人物	○	×	○	○

『고금도서집성』은 주제별로 분류한 유서(類書)로 해당 주제에 대한 내용을 요약하여 편찬한 것이다. 그래서 보다 상세한 내용을 알기 위해서는 원전을 찾아 읽어야 하기 때문에『곤여도설』상권의 상당히 많은 조목이 삭제된 것을 볼 수 있다. 주목해야 할 부분은 「중국과 외국이 곤여도(坤輿圖)에 펼쳐진 이치 [中國與外國在坤輿圖內布列之理]」라는 조목이 윤동규의 필사본과 고금도서집성본에는 실려 있는데 사고전서본과 지해본에는 보이지 않는 점이다. 이 조목은 어떤 중국 선비가 서양인들이 만든 세계지도에서 중국의 영토가 작게 그려진 것에 대해 의문을 품고 질문하는 것으로 시작한다.

일찍이 누가 물었다. "우리 중국이 이같이 크고 넓은데『곤여도』안 펼쳐져 있는 땅은 저같이 협소하니 그 이유가 어디에 있습니까?" 내가 이렇게 대답하였다. "『곤여도』안에 각국에 펼쳐져 있는 땅은 모두 하늘과 땅의 이치에 부합하여 정해진 것입니다. 각국이『곤여도』에서 그 나라의 천정(天頂)을 기준으로 삼아 배치되었습니다. 천정은 곧 하늘 위의 남북의 중앙이 본국과 바로 대하는 도(度)입니다. 그 천정의 도수는 하늘의 적도에서 남북으로 떨어진 정도입니다. 그 나라가 『곤여도』 안에 배치되는 것도 또한 그것에 맞추어 대지와 적도와의 남북으로 떨어진 거리를 가늠합니다. [땅의 적도라는 것은 남북 양극의 정중앙과 하늘의 적도가 동쪽으로부터 서쪽으로 가는 선과 바로 맞는 곳이다.]

또 이 나라의 천정이 저 나라의 천정과 동쪽이나 서쪽으로 떨어져 있는 정도가 바로 『곤여도』에서 이 나라가 저 나라와 동쪽이나 서쪽으로 떨어져 있는 정도입니다. 그러므로 『곤여도』의 세로[經度]와 가로[緯度]가 서로 교차하는 선이 대부분 방형(方形)이 되는 까닭입니다. 사방의 세로선이 남북의 10도(度)이고 가로선은 동서의 10도입니다. 사방의 사선(四線)을 대조해보면 각국이 『곤여도』 안에 펼쳐져 있으니, 이 선으로 저곳과 이곳이 서로 동서와 남북으로 떨어진 도수를 삼습니다. 그리하여 각국 천정의 동서, 남북의 거리가 저 나라와 이 나라의 거리의 도수가 되는 것은 하늘을 측정하여 정법(定法)으로 삼았기 때문이다. 대개 남북의 서로 떨어진 거리는 태양의 고도로써 각 지방에서 매일 해의 움직임으로 증험할 수 있습니다.
동서 간 서로 떨어진 거리는 매년 각 지방에서 월식이 다른 시각에 일어나는 것으로 명확하게 헤아려서 알 수 있습니다. 가령 이 지방의 월식이 저 지방의 월식과 비교하여 빠르거나 느리게 4각(四刻, 1시간)의 차이가 있는 것은 이 지방과 저 지방의 거리가 지면에서 (경도) 15도의 차이가 있기 때문입니다. 그 나머지도 하늘의 각수(刻數)와 땅의 도수(度數)가 상응하는 정도로 모두 이와 같이 추산(推算)하여 정해지는 것입니다. (中略)
지금 중국의 극동과 극서의 각 성의 거리는 모두 20도가 되니 필

연적인 이치에 맞추어 『곤여도』에서 중국의 동서를 펼쳐놓은 것이
고, 이 또한 이 지도 안의 양방형을 넘어 설 수 없습니다. 그러나 대
지 주위 동서남북 모두 합하여 360도가 되니 만약 중국의 동서남북
이 각각 약 20도라고 한다면 오히려 340도에는 다른 나라의 토지와
섬, 바다가 펼쳐져 있게 됩니다. 길이를 측량하는 바른 이치에 의거
하여 논하자면, 가령 중국이 정방의 평형이고 동서남북 각 20도라고
한다면 그 땅이 크고 넓다고 하더라도 약 천하의 백분지일이 되고
그 나머지는 외국입니다. 이는 예부터 지금까지 이미 태양의 고도와
일식과 월식의 시각을 관찰하고 측량하여 알게 된 것이니, 곤여도
내 정해진 사방의 도수를 대조하면 천리의 바른 이치에 부합하지 않
는 것이 없습니다."[22]

---

22) 尝有客問曰, 吾中國廣大如此, 在坤輿圖內所列之地狹小如彼, 其義何居. 答曰, 坤
輿圖內各國所列之地皆以合天地之理而定焉. 各國在坤輿圖內以其本國之天頂爲主,
天頂者即天上南北之中, 與本國正對之度也. 其天頂之度離天之赤道南北若干, 則
本國列置輿圖內亦應之而離大地之赤道南北若干也. [地之赤道者, 即南北兩極之當
中, 與天之赤道從東往西正對之處也.] 又此一國之天頂離彼一國之天頂, 或東或西
度數若干者, 則『輿圖』內此一國離彼一國或東或西度數亦若干也, 故『輿圖』有縱橫
相交之線多作方形者. 每方之縱線者, 即南北之十度也;橫線者, 東西之十度也. 照
各方之四線, 則各國布列『輿圖』內, 而以爲彼此相距東西南北之度數也. 然各國之
天頂東西、南北彼此相距度數若干者, 以測天爲定法. 蓋其南北之相距, 以太陽之
高度, 各方每日可驗焉. 至其東西之相距以每年於各方所驗月食不同之時刻者, 明
推而知之矣. 假如此方交彼方驗月食, 或早或遲至四刻者, 則此方相距彼方爲地面十
五度也. 其餘天之刻數與地之度數相應若干者, 皆如此推算而定焉. (中略) 今設令
中國之極東與其極西各省相距皆爲二十度, 則照理之必然『輿圖』內中國東西所布列
者, 亦不過兩方形之處耳. 然大地周圍東西南北共計有三百六十度, 若以中國東西南
北各二十度相減之, 則尚存三百四 十度以爲大地各國之土及海島海水所布列者也.
依測量方面之正理而論, 縱令中國爲正方之平形, 而東西南北方之四邊各爲二十
度, 則其方地所 包涵之廣大者, 約爲天下百分之一也. 其餘外國從古迄今, 已經測
驗太陽之高度幷交食之時刻. 因而照上法輿圖內所定各方東西南北之度數者, 無不
合於天地之正理也(宗家 所藏本(尹東奎筆寫)『坤輿圖說』 上卷 「中國與外國在『

여기서 질문하는 자는 중국을 천하의 중심이라 믿는 중국의 선비이고 대답하는 자는 페르비스트와 같은 서양인이다. 서양인은 중국이 세계의 중심이 될 수 없으며 천하의 땅을 대부분 차지할 만큼 크지도 않다고 말한다. 또한 각 나라들이 『곤여전도』에 그려져 있는 양방형 공간 안에 배치되는 방식은 그 나라들의 북극고도에 따른 위도와 경도에 근거한 것이고, 이는 불변의 법칙, 즉 하늘과 땅에 대한 바른 이치[天地之正理]일 뿐이라고 하였다.

이 조목이 『사고전서』에서 빠진 이유는 명확하다. 청조의 정치이념과 부합하지 않기 때문이다. 다른 서적 역시 『사고전서』 수록 당시 이와 같이 검열된 바 있다.[23] 청조에 있어 외국은 국제법을 공유하는 동등한 대상이 아니었다. 어디까지나 정사(正史) 외국전(外國傳) 안의 수많은 이역(異域)과 같이 유럽 역시 하나의 조공국으로 보는 것이 대외 정책에 대한 청조의 공식적 입장이었기 때문이다.

한편 윤동규가 읽은 『곤여도설』은 후대에 유통된 판본이 아니라 1672년 초판본이었을 가능성이 높다. 그 이유는 전술한 조목의 유무의 정황은 물론이고 『사고전서』나 『고금도서집성』의 경우 접근이 상당히 제한적이었기 때문이다. 정조가 1776년 동지사(冬至使)에게 『사고전서』의 구입을 명하였으나 당시 『사고전서』의 편찬이 아직 끝나지 않아 구할 수 없었다. 이러한 사정은 진하 겸 사은 정사(進賀兼謝恩正使) 이은(李溵)과 부사(副使) 서호수(徐浩修) 등이 올린 장계(狀

坤輿圖』內布列之理』).

23) 예컨대 명(明) 도종의(陶宗儀)의 『설부(說郛)』를 재편집한 도정(陶珽)의 완위산당(宛委山堂)본은 사고전서에 수록되면서 청조의 검열로 북방민족에 대한 서적은 대거 누락되었다.

啓)에서 볼 수 있다. 그들은 『사고전서』 구입은 훗날로 미루고 은자 (銀子) 2,150냥으로 구입한 총 5,020권의 『고금도서집성』을 502갑 (匣)에 실어 먼저 정조에게 보낸다.[24] 정조는 이 유서를 분철하고 명 필 조윤형(曺允亨)을 불러 다시 제목을 쓰게 한 뒤 열고관(閱古觀)에 두고 규장각에서 관리하게 하였는데 이 『고금도서집성』을 열람할 수 있는 자는 극히 제한적이었다. 다음 장에서는 윤동규가 필사한 『곤여 도설』 뒷표지에 기록된 서학서와 관련하여 성호와 성호제자 간 서신 을 통해 그들의 독서 기록을 살펴보고자 한다.

4. 성호학파의 독서 기록

성호학파가 성리학만 연구하던 노론 학자들과 달랐던 가장 큰 차 이점은 서학(西學)에도 관심을 가졌다는 점이다. 이익(李瀷, 1681~ 1763)이 긍정적으로 천주교를 비롯한 서양 서적에 관심을 가지자 제 자들도 관심을 가졌는데, 권철신(權哲身, 1731~1801)은 천주교를 신 앙으로 받아들여 순교하고, 윤동규(尹東奎, 1695~1773)는 비교적 긍 정적으로 검토하였으며, 안정복(安鼎福, 1712~1791)은 비판적으로 대응하여 『천학고(天學考)』와 『천학문답(天學問答)』을 저술하였고, 신후담(愼後聃, 1702~1761)은 적극적으로 비판하여 『서학변(西學 辨)』을 저술하였다.[25]

윤동규는 『곤여도설』을 독서하기 전에 위의 『직방외기』의 '일일칠

---

24) 『正祖實錄』 正祖 1年 丁酉(1777) 2月 24日(庚申).
25) 허경진, 『소남 윤동규』, 보고사, 2020, 167면.

조(一日七潮)'와 관련하여 이익에게 질문한 적이 있다. 윤동규는 궁구하여도 풀리지 않는 부분, 즉 하루에 조수가 일곱 번이나 일어나는 현상을 스승과 문답할 적에 논제로 꺼낸 것이었다. 이에 이익은 다음과 같이 답하였다.

> 『직방외기』에 보면, "유럽 에보이아[尼歐白亞, Euboea]의 바다에는 밀물이 하루에 일곱 번씩 들어온다. 옛날 아리스토텔레스[阿利斯多, Aristoteles]라는 명사는 사물의 이치를 연구했는데, 이 조수의 이치만은 알 도리가 없어서 마침내 물에 빠져 죽었다. 그리하여 그 나라 속담에 '아리스토텔레스가 이 조수를 잡으려 했는데 도리어 이 조수가 아리스토텔레스를 잡았다'고 하였다." 하였다. 윤유장(尹幼章)이 이 사실을 나에게 묻기에 나는 이렇게 대답하였다. "천하 밀물 시간의 차이는 달에 의하여 발생하고 힘이 크고 작은 것은 태양에 의한 것이다. 이것은 이 땅위에 어디에서나 마찬가지이니. 남회인(南懷仁)의 『곤여도설』에서도 증명된다. 그런데 어떻게 하루에 밀물이 일곱 번이나 생길 수가 있는가? 밀물은 물이 대기에 의하여 솟아오르는 것이다."26)

이익은 조석의 발생은 달과 해에 의해 일어나는 것이기 때문에 만조와 간조가 하루에 두 번씩 일어날 수밖에 없으며 이는 『곤여도설』로 증명할 수 있다고 답하였다. 아마도 윤동규는 이 문답 이후 『곤여

---

26) 職方外紀: "歐邏巴尼歐白亞海, 潮一日七次. 昔有名士亞利斯多者, 遍究物理, 惟此潮不得, 其故遂赴水死. 其諺云: '亞利斯多欲得此潮, 此潮反得亞利斯多.'" 尹幼章擧此來問, 余答云: "天下之潮, 其早晏由月, 盛衰由日, 大地四方, 莫不如此, 南懷仁坤輿圖說, 亦可證, 豈有一日七潮之理, 潮者水随氣湧"(『星湖僿說』 卷1 「天地門」).

도설』을 독서하고 필사하였을 것이다.

사실 '하루에 일곱 번의 조석'은 그리스 에보이아 섬과 그리스 본토 사이에는 에우리푸스 해협의 특이한 조수 현상에 대한 이야기이다. 이 해협은 태음월(太陰月)의 7일, 8일, 9일과 22일, 23일, 24일에는 조수가 전혀 일어나지 않다가 어떤 날은 하루에 몇 번이나 조수가 일어나기도 한다. 이 설명하기 어려운 자연 현상은 오래전부터 풀리지 않는 수수께끼였다. 유럽의 중세 전기 작가들은 아리스토텔레스가 노후를 에보이아 섬에서 보낸 사실에 착안하여 에보아아의 조수의 비밀을 풀지 못하고 좌절하여 바다로 몸을 던졌다는 이야기를 만들어 냈다. 게다가 "아리스토텔레스가 에우리포스를 장악하는 데 실패하였으니, 에우리포스가 아리스토텔레스를 장악하도록 하라."라는 극적인 대사도 삽입하였는데 이 이야기는 예수회에 의해 정설로 승인되고 그들이 편찬한 한역지리지인 『직방외기』에까지 실리게 된 것이다.[27]

현재 파평 윤씨 종가에서 확인되는 윤동규 친필본 서학(西學) 서적은 페르비스트가 지은 『곤여도설』 한 권이지만, 당시에는 수십 권의 서적이 소장되어 있었다. 천주교를 긍정적으로 검토한 윤동규나 부정적으로 비판한 안정복이 모두 세상을 떠난 뒤에 순조가 즉위하면서 천주교 탄압이 시작되자, 남인 학자들의 집에서 천주교 서적들이 어디론가 감춰졌다. 손자 윤신만 하더라도 소남보다는 천주교에 비판적이었기 때문이다. 국립중앙도서관에 이관된 순암문고에 천주교 관련 서적이 적은 것도 같은 이유일 것이다.[28]

---

27) Anton-Hermann Chroust, *Aristotle : new light on his life and on some of his lost works*, v. 1, University of Notre Dame Press, 1973, p. 386.
28) 허경진, 『소남 윤동규』, 보고사, 2020, 170면.

윤동규는『곤여도설』마지막 장에 자신이 필사하여 소장하고 있던 서학과 천주교 관련 서적 제목들을 일부 적어 놓았는데, 안정복이 1749년 정월에 그에게서 빌려다 읽은 책들을 돌려주면서 함께 보낸 편지에서도 그 목록을 일부 확인할 수 있다.

> 『천문략(天問略)』과『곤여도』는 지난번에 돌려드렸는데, 아마도 부침(浮沈)되지는 않았겠지요.
> 『방성도(方星圖)』와『측량법의(測量法義)』는 지금 돌려드리니, 확인해 보십시오.
> 『태서수법(泰西水法)』과『만국도지(萬國圖志)』는 (저에게) 잠시 더 남겨 두겠습니다.
> 이외에『기하원본(幾何原本)』,『동문산지(同文算指)』,『공제격치(空際格致)』등의 책들은 다시 빌려주십시오.29)

이 편지는『순암집』에 실려 있지 않고, 자필본『부부고(覆瓿稿)』에만 실려 있다. 마치 도서대출부(圖書貸出簿)처럼 날짜순으로 기록했는데, 지난번에 반납한 책은 서양의 천문 지리학책들이고, 이번에 반납하는 책들은 천문 역법(曆法) 책들이며, 다시 빌려갈 책들은 수학책들이다. 책을 돌려주면서 부침(浮沈)이라는 말을 썼는데, 서신이 제대로 전달되지 않는 것을 말한다. 안정복에게 나가 있는 책만 해도 이렇게 많았으니, 윤동규의 집은 인천에서 가장 커다란 서양책 도서

---

29) "天問略·坤輿圖, 頃便付上, 計不至浮沈, 方星圖及測量書, 今又納上, 考視如何, 水法及萬國圖, 姑留之耳. 此外幾何原本·同文算指·空際格致等書, 更爲惠示, 幸莫大焉."(『順菴覆瓿稿』卷5, 「與尹丈書·己巳正月」, 國史編纂委員會, 2012 편찬 영인본 270면).

관이었을 것이다.

윤동규가 필사한 『곤여도설』의 뒷표지에는 『기하원본(幾何原本)』,
『천지의해(天地義解)』, 『건곤체의(乾坤體義)』, 『간평의(簡平儀)』, 『혼
개통헌도설(渾蓋通憲圖說)』, 『측량의(測量義)』, 『천문략(天文略)』 등
의 서양 천문서적이 적혀 있고, 「산법 및 잡서」 목록에는 『동문산지
(同文算指)』, 『태서수법(泰西水法)』 등의 산법서(算法書)와 『천주실
의(天主實義)』, 『칠극(七克)』 등의 본격적인 천주교 교리서 제목들이
적혀 있다. 아마도 윤동규가 『곤여도설』을 필사하여 공부하면서 서학
(西學)에 관심이 넓어져, 앞으로 더 필사해서 읽어야 할 책 제목들을
적어놓은 듯하다. 윤동규가 이 책들을 과연 얼마나 필사하고 읽었는
지는 성호나 순암 등과 주고받은 그의 편지들을 다 검토해봐야 확
인할 수가 있지만, 신후담이나 안정복의 글을 통해서 일부 엿볼 수
있다.

신후담은 23세 되던 1724년에 이익을 처음 만나 사제관계를 맺었
는데, 두 번째 만난 3월 21일에 마테오 리치에 관하여 설명을 듣고
「갑진년 봄에 이성호를 만나 뵙고 들은 것을 기록하다[甲辰春, 見李星
湖紀聞, 名瀷, 居安山]」라는 글을 남겼다. 1725년 가을에도 이익을 만
나서 들은 이야기를 기록하였다.

　을사년(1725) 7월 27일에 나는 이성호장을 안산 댁으로 찾아 뵙
고 이틀을 머물었는데, 이장께서 물으셨다.
　"내가 예전에 윤유장(尹幼章)에게서 들은 말인데, 자네가 서태(西
泰)의 학문을 배척하기에 힘을 다한다더군. 그대가 서태지학(西泰之
學 서학)을 어떻게 알고 있는 것인가?"…
　"서양 선비의 책은 아직 깊이 고찰하지 못하였습니다. 『직방외기

(職方外紀)』만 읽어보고 황탄하게 생각되어 윤형(尹兄)에게 운운
(云云)한 적이 있습니다.”

　『직방외기』는 서학에 관심을 가지는 학자들이 가장 먼저 읽게 되
는 입문서이니, 신후담도 아마 이 책을 가장 먼저 읽고 윤동규와 토
론했을 것이다. 신후담은 성호학파에 입문한 초기부터 천주교에 부정
적인 견해를 가졌는데, 이 시기에 그가 주로 의견을 주고받은 선배는
윤동규였다. 윤동규는 나이 서른에 이미 후배들의 질문에 답변하고
토론할 정도로 많은 천주교 서적을 읽었음이 확인된다.

　성호학파에 늦게 입문하였던 신후담이나 안정복이 처음부터 서학
에 부정적인 관심을 가진 것과는 달리, 십대 후반에 입문한 윤동규는
긍정적으로 받아들였다. 그러나 신후담과의 『직방외기』 토론 이후에
는 별다른 진전이 한동안 편지에 보이지 않는다. 1756년 8월 안정복
에게 보낸 편지에서 『칠극(七克)』이나 천주, 아니마, 천당과 지옥 등
을 논한 서학서 등을 모두 수십년 전에 보았지만, 그 뒤에는 다른 학
문에 미칠 겨를이 없어, 알지 못하고 망녕되게 논한 것이 없지 않았
다고 밝혔다.

5. 맺음말

　성호학파 이외에 『곤여도설』을 읽고 기록을 남긴 이들은 주로 한
양을 거주지로 하였던 문인들이었다. 이의봉(李義鳳, 1733~1801)은
자제군관의 신분으로 서장관이었던 부친 이휘중(李徽中)과 함께 북

경에 갔다 오면서 그 일정을 날짜별로 기록하여 『북원록(北轅錄)』을 지었다. 그의 기록에 따르면 1761년 그는 천주교 성당에서 할레르슈 타인(Hallerstein, Augustin von, 劉松齡, 1703~1771)과 만나 교류를 하였다. 그때 『곤여전도』를 보고 지도 내 삽화와 기사를 『북원록』에 기록해놓았다.[30] 주로 특이한 동식물, 특이한 풍속, 서구의 천주교 및 교육, 제도, 문화에 관한 것들이다. 그리고 그는 할레르슈타인에게 『곤 여도설』 2책을 받았는데 천하의 크기, 약의 효능 등의 질문을 하면 할 레르슈타인이 『곤여도설』의 내용을 인용하여 대답하였다고 한다.[31]

서유본(徐有本, 1762~1822)은 아들 유경(柳憼)에게 보내는 편지에서 『곤여도설』을 언급하는데 아래는 그 일부분이다.

> 숭산(嵩山)과 낙양(洛陽)은 땅의 중심이므로 중국의 중앙인데, 중국은 적도의 북쪽에 치우쳐서 있으니 진실로 천지의 중앙이 아니다. 그러나 중국의 땅의 경계는 냉대와 열대의 사이로 천지의 중화의 기운에 있어 이것이 모여 성현호걸이 고상한 기상을 기르게 되니 천지와 더불어 삼재에 참여하여 하나가 되니 천지의 중심이 되는 까닭이다. 『주역 계사』에 이르길, 해가 가면 달이 오고 달이 가면 해가 오니 해와 달이 서로 밀어 밝음을 낸다. 찬 것이 가면 더운 것이 오고 더운 것이 오면 찬 것이 오니 차고 더운 것은 서로 밀어내어 해를 이룬다. 낮과 밤의 구분, 차고 더운 것의 교차는 곧 조화의 큰 단서

---

30) 이휘중, 이의봉은 인적 관계인 달성 서씨(達成徐氏) 집안의 역학(易學)과 수리(數理)에 조예가 깊었던 학풍에 영향을 받아 어느 정도 서학에 대한 이해가 있었다. 『북원록』에서 나타나는 서양인식에 대한 연구는 다음을 참고하였다(전수경, 「1760년 이휘중(李徽中)·이의봉(李義鳳) 부자가 만난 서구 : 『북원록(北轅錄)』을 중심으로」, 『민족문학사연구』 55권, 민족문학사연구소, 2014, 12면).

31) 『北轅錄』 卷5 六日 丙子

이니 하늘이 만물의 범위인 까닭이다. 그러나 하늘 아래 모든 땅으로 그것을 논한다면 사시 내내 춥거나 더운 땅이 있고, 반년 내내 낮이고 반년 내내 밤인 땅이 있다. 해외 여러 나라에 이르러 풍기와 인물이 바야흐로 다르고 종도 달라 기괴하고 괴상하다. 어수선하고 황당무계한 일을 모두 상리(常理)로 미루어 구할 수 없다. 서방인이 편찬한 『곤여도설』에 모두 갖추어 있으니 살펴 상고할 수 있다. 그러므로 말하길 육합의 밖은 성인께서 존재하되 논하지 않는 것이다.32)

서유본은 편지에서 서구식 세계지도를 보면 중국은 북반구에 위치하여 세계의 중심이 아니나 열대와 냉대 사이의 온대기후에 속하기 때문에 결국 천지의 중화의 기운이 있는 것이라 말한다. 그 증거는 『주역』〈계사전(繫辭傳)〉에서 주야(晝夜)가 하루 동안 구분되며 서한(暑寒)이 일 년 동안 교차하는 것이 당연한 이치라고 했기 때문이라고 이야기한다. 그렇지 않은 지역은 정상이 아니며 그들의 기괴함을 『곤여도설』에서 볼 수 있다고 말하고 있다. 화이론의 관점에서 물러서지 않는 자세를 보여준다.

사실 『직방외기』를 인용한 조선 지식인들도 많은 편은 아니었지만 경화세족부터 향촌사족까지 『직방외기』를 인용한 예를 찾을 수 있

---

32) 嵩洛爲地中, 卽中國之中央, 而中國偏在赤道之北, 則固非天地之中也, 然而中國地界, 在於冷帶熱帶之間, 天地冲和之氣, 乃鍾於是, 而聖賢豪傑, 炳靈毓秀, 與天地參三而爲一, 所以爲天地之中也, 繫辭曰日往則月來, 月往則日來, 日月相推而明生焉, 寒往則暑來, 暑往則寒來, 寒暑相推而歲成焉, 晝夜之分, 寒暑之交, 卽造化之大端, 而天之所以範圍萬物者也, 然以普天之下論之, 則有四時常寒四時常燠之地矣, 有半年爲晝半年爲夜之地矣, 至於海外萬國, 風氣人物, 方殊種別, 吊詭譎恠, 騷荒悠謬之事, 皆不可以常理推求, 俱載於西人所撰坤輿圖說, 可案而考也, 故曰六合之外, 聖人存而不論(『左蘇山人文集』卷4 文 與柳繼仲書).

다.33) 그러나 『곤여도설』의 경우 성호학파와 경화세족의 독서 기록만 남아 있다. 그러나 이 서적이 18, 19세기 조선의 실증적 학풍과 깊은 관련을 맺고 있다는 사실을 감안할 때 조선 후기 전통적 지리체계에서 어떻게 이 책을 독서하였는가는 중요한 연구 과제임은 틀림없다. 본고에서는 성호학파의 독서기록을 통해 『곤여도설』의 조선 전래를 밝히는 데 그쳤으나 『곤여도설』의 필사와 독서기록을 면밀히 살펴 새로운 정치·사회·문화적 맥락에서 생성된 지식을 어떻게 전통적 지식체계로 수용하고 그것이 조선 후기 학계에 어떠한 영향을 미쳤는지 고찰하는 문제는 추후 연구로 남겨두고자 한다.

---

33) 줄리오 알레니 저·천기철 역, 『직방외기-17세기 예수회 신부들이 그려낸 세계』, 일조각, 2005. 361면.

참고문헌

《星湖僿說》

《研經齋全集》

《阮堂先生全集》

《左蘇山人文集》

《青莊館全書》

《響山集》

《坤輿圖說》 尹東奎 筆寫本

《坤輿圖說》 指海本

《四庫全書總目提要》

《質問志》東京国立博物館デジタルライブラリー

齋藤毅, 『明治のことば―文明開化と日本語』, 講談社, 2005.

쩌우전환 저, 한지은 역, 『지리학의 창으로 보는 중국의 근대』, 푸른역사, 2013.

강준식, 『다시 읽는 하멜표류기』, 웅진닷컴, 2002.

배우성, 『조선과 중화』, 돌베개, 2016.

사람으로 읽는 한국사 기획위원회 편, 『이미 우리가 된 이방인들 - 우리역사를 바
　　꾼 이방인들의 발자취』, 동녘, 2007.

오상학, 『조선시대 세계지도와 세계인식』, 창비, 2011.

임종태, 『17, 18세기 중국과 조선의 서구 지리학 이해』, 창비, 2012.

줄리오 알레니 저, 천기철 역, 『직방외기』, 2005.

허경진, 『소남 윤동규』, 보고사, 2020.

고병익, 「중국역대정사의 외국열전 - 조선전을 중심으로 -」, 『대동문화연구』 2권,
　　성균관대학교 동아시아학술원, 1966.

김양선(金良善), 「한국고지도연구초」, 『梅山國學散稿』, 숭전대학교 박물관, 1972.

노대환, 「조선후기 '서학중국원류설'의 전개와 그 성격」, 『역사학보』 178집, 역사
　　　학회, 2003.

박혜민, 『조선후기 이역 인식』, 연세대학교 국어국문학과 박사학위논문, 2017.

반윤홍, 「조선후기의 대구라파인식 - 실학발생의 외적요인과 관련하여 - 」, 『국사
　　　연구』 82-1, 조선대학교, 1982.

배주연, 「한문서학서(漢文西學書) 『공제격치(空際格致)』 연구」, 『한국고전연구』
　　　37권, 한국고전연구학회, 2017.

전수경, 「1760년 이휘중(李徽中)·이의봉(李義鳳) 부자가 만난 서구 : 『북원록(北
　　　轅錄)』을 중심으로」, 『민족문학사연구』 55권, 민족문학사연구소, 2014.

홍이섭, 「서울에 왔던 歐美人」, 『향토서울』 1, 서울특별시사편찬위원회, 1957.

소남 윤동규의
음악 논설에 관한 연구

송성섭 남동문화원 향토사료연구소 소장

1. 들어가며

『춘추좌전』 양공(襄公) 24년의 기록에 '삼불후(三不朽)'라는 것이
있다. '삼불후(三不朽)'는 입덕(立德), 입공(立功), 입언(立言)을 말하
는데, 비록 사람이 죽은 지 오래되었다 하더라도 그의 덕과 공 그리
고 말씀이 폐기되지 않을 때, 이를 '삼불후(三不朽)'라고 한다. 소남
윤동규 선생은 사후에 『소남문집』을 남겼다. 『소남문집』은 오랜 세월
불후(不朽)하여 이제 막 세상에 그 모습을 드러내려 하고 있는데, 거
기에는 특이하게 음악에 관한 글들이 수록되어 있다. 「잡저(雜著)」에
수록되어 있는 '종률합변의(鍾律合變疑)', '종률변(鍾律辨)', '선궁구변
동이변(旋宮九變同異辨)'이 바로 그것이다. '종률합변의(鍾律合變疑)'
는 이른바 합악(合樂)과 변악(變樂)에 관한 의문을 제기한 글이고,
'종률변(鍾律辨)'은 동양 음악 이론에서 가장 중요한 으뜸 음에 속하
는 황종 율관에 관한 변론이며, '선궁구변동이변(旋宮九變同異辨)'은
돌아서 궁이 되는 선궁(旋宮)과 구변(九變)의 차이에 관한 글인데,
음악에 관한 전문적 식견이 없으면 도저히 쓸 수 없는 글들이다.

동양에서는 예로부터 악(樂)을 중시하여 악론(樂論)이 일찍 정립
되었다. 제자백가들이 모두 악론(樂論)을 펼치었지만, 그 중에서 유
가(儒家)는 특히 악(樂)을 중시하여 자세하고 치밀한 악론(樂論)을
전개하였다. 공자는 배움은 "시(詩)에서 시작되고, 예에서 수립되며,
악(樂)에서 완성된다(興於詩, 立於禮, 成於樂)."라고 하였고, 맹자는

"인(仁)한 말보다는 인(仁)한 소리가 사람에게 깊은 영향을 미친다 (仁言不如仁聲之入人也深)."고 하였으며, 『효경(孝經)』에서는 "풍속을 바꾸는 데에는 악(樂)보다 좋은 것이 없다(移風易俗莫善於樂)."고 하여 악(樂)의 중요성을 설파하였다.

조선에서도 악(樂)을 중시하여, 정도전은 태조가 천명을 받아 조선을 건국하게 되었으니 이에 관한 악을 제정해야 한다고 하였다. 『악기(樂記)』의 "왕은 공을 이루면 음악을 짓고, 다스림이 안정되면 예를 제정한다(王者功成作樂, 治定制禮)."는 가르침에 따라 악을 지어야 한다는 것이다. 그래서 만들어진 음악이 몽금척(夢金尺)·수보록(受寶籙)·문덕곡(文德曲)·납씨곡(納氏曲)·궁수분곡(窮獸奔曲)·정동방곡(靖東方曲)인데, 이는 모두 고려의 음악에 가사만 바꾼 곡이었다.

태종 때에는 의례상정소(儀禮詳定所)를 설치하여 의례를 정비하고 이에 필요한 음악을 창작하였다. 조선이 건국되었지만, 조회(朝會)와 연향(宴享)에서 사용하는 음악은 고려 말년에 사용했던 음란한 소리 (哇淫之聲)가 많았기 때문이었다. 이때 새롭게 음악을 짓게 된 이론적 근거로써 제시된 것이 바로 『악기(樂記)』와 『주례(周禮)』였다. 『악기(樂記)』에서 말한 바 있는 "음(音)을 살펴서 악(樂)을 알고, 악(樂)을 살펴서 정사(政事)를 안다(審音以知樂, 審樂以知政).", "바른 소리는 사람을 감동시켜 순한 기운이 응하게 하고, 간사한 소리(姦聲)는 사람을 감동시켜 거스르는 기운이 응하게 한다(正聲感人而順氣應, 姦聲感人而逆氣應)."는 것과 『주례(周禮)』에서 말한 바 있는 "악(樂)을 합하여 천신과 지신을 이르게 하며 나라를 화(和)하게 한다(合樂以致神祇, 以和邦國).", "음성(淫聲)·과성(過聲)·흉성(兇聲)·만성(曼聲)을 금(禁)하게 한다(禁其淫聲過聲兇聲曼聲)."는 언급에 근거하여, 『시경

(詩經)』의 풍아(風雅)의 시(詩)를 참고하여 조회와 연향의 악을 정비하였던 것이다. 그럼에도 불구하고 태종 때에도 여전히 고려의 음악 중에서 바르다고 생각한 음악을 반주로 사용하고, 그 음악에 맞추어 유학(儒學)적 의미를 지닌 『시경(詩經)』의 가사를 노래하였던 것이다.

세종의 시대가 열리자, 사정은 사뭇 달라졌다. 악(樂)에 대한 박연(朴堧)의 전문적 연구와 이에 따른 토론을 거쳐 조회와 연향에 쓰이는 아악(雅樂)도 정비하였으니, 1430년 세종 12년 때의 일이었다. 조회의 음악은 주자(朱子)가 지은 『의례경전통해』의 「시악(詩樂)」을 참고하였고, 제사의 음악은 『지정조격(至正條格)』 임우(林宇)의 「석전악보(釋奠樂譜)」를 참고하여 정비하였다. 그런데 『의례경전통해』나 「석전악보(釋奠樂譜)」에 실려 있는 악보가 청성(淸聲), 즉 반음으로 기조(起調)하기도 하고, 또한 청성을 간용(間用)하기도 하는 문제가 있었으며, 궁·상·각·치·우·변치·변궁의 7음만을 쓴 것이 아니라, 잡성(雜聲)을 사용하기도 하는 문제가 있기에 신뢰하기 힘들었다. 주자(朱子) 또한 청성(淸聲)으로 곡조를 시작하는 것은 옛 법이 아니라고 말하면서도, 이에 대해서 명확하게 설명하지 못하는 한계도 있었다. 그리하여 의례악(儀禮樂)에서 순수히 일곱 종류의 소리[七聲]만을 사용한다는 취지에 기반하고, 황종(黃鍾)의 궁은 모두 바른 소리[正聲]를 사용하고, 나머지의 궁은 모두 네 가지의 청성(淸聲)을 사용하여 아악을 정비하였지만, 이것조차 완벽한 것은 아니어서 후일에 음악을 아는 사람의 참고 자료가 되기를 기다릴 수밖에 없는 형편이었다.

악론(樂論)에 관한 정립은 이렇듯 어려운 과정이다. 세조 때에는 악(樂)에는 아는 이가 대개 적다고 한탄하면서, 성임(成任)에게 배우면 박연(朴堧)에게 미칠 수 있을 지를 물어 보았고, 영조 때나 정조 때에도 서명응과 음악의 규정에 대해 의논하면서 악론(樂論)의 어려움을 토로한 바 있다.

소남의 음악에 관한 논설도 이러한 차원에서 바라보아야 한다. 소남이 악론(樂論)에 대해 논설하였다는 것 자체도 대단한 일이거니와 그 내용을 검토할 때에도 악론(樂論) 자체가 어려운 학문에 속한다는 사실을 염두에 두어야 한다는 것이다.

소남이 음악에 관해 논설한 동기나 배경에 대해 이제까지 알려진 바는 없다. 다만 스승인 성호와의 관계를 통해 짐작할 수 있을 뿐이다. 성호는 과거와 출세에 뜻이 없었으므로, 시간적 여유가 많았다. 그래서 전기(傳記)·자집(子集)·시가(詩家)·회해(詼諧)나 혹은 웃고 즐길 만한 것을 붓가는 대로 적은 것이 많았으며, 이를 책으로 묶어 『성호사설(星湖僿說)』이라 하였는데, 여기에 음악에 관한 글들이 많다.

2. 성호의 음악 논설

『성호사설(星湖僿說)』은 천지문(天地門), 만물문(萬物門), 인사문(人事門), 경사문(經史門), 시문문(詩文門)으로 편집되어 있으며, 여기에 음악에 관한 글들이 다수 수록되어 있다. 그 중에는 가야금, 신라금, 필률(觱栗), 생(笙)에 관한 언급도 들어 있다.

신라금(新羅琴): 미수(眉叟) 허 선생은 옛날 신라(新羅) 거문고를 갖고 있었다. 만력(萬曆) 무렵에 학림공자(鶴林公子)가 관동(關

東)을 유람할 때에 신라 경순왕(敬順王)이 쓰던 거문고를 얻어서 그 제도를 전해 왔는데, 마침내 허씨(許氏)에게로 돌아갔다는 것이다. 맨 처음에는 진(晉) 나라 사람이 칠현금(七絃琴)을 신라에 선물로 주었는데, 그때 제이상(第二相) 왕산악(王山岳)이 줄 하나를 줄이고 휘(徽)를 바꾸어서 과(棵)로 만들었다. 이 거문고는 타기만 하면 현학(玄鶴)이 날아와서 춤을 추기에 그 이름을 현학금(玄鶴琴)이라 했다는데, 지금 이 신라금도 반드시 그 제도일 것이다.〈성호사설 제5권 / 만물문(萬物門)〉[1]

"진 나라 사람이 칠현금을 고구려에게 보냈다(初晉之人以七絃琴送高句麗)."는 기록은 『삼국사기』「雜志」에 등장한다. 왕산악은 고구려 사람이다. 그러므로 진나라 사람이 신라에 칠현금을 줄 수가 없기에 잘못된 기록이라 생각한다. 이 밖에 성호는 『삼국사기』「雜志」에 수록되어 있는 최치원(崔致遠)이 지은 향악잡영시(鄕樂雜詠詩)인 금환(金丸)·월제(月題)·대면(大面)·속독(束毒)·산예(狻猊)를 언급하고 있는 것으로 보아, 『삼국사기』「雜志」을 독서하였다고 볼 수 있다.

『성호사설』에는 『삼국사기』 뿐만 아니라, 『고려사』「악지(樂志)」와 관련된 인급이 다수 등장한다.

대성악(大晟樂):고려 예종 9년(1114)에 송 휘종(宋徽宗)이 신악(新樂)과 대성악(大晟樂)을 주었는데, 11년에 태묘(太廟)에 드렸다. 말하는 이는 "서자고(瑞鷓鴣)·수룡음(水龍吟)의 유가 곧 그 사곡(詞曲)이고, 지금의 헌선도(獻仙桃)·포구락(抛毬樂) 등의 악(樂)이 모

---

1) 『성호사설』(한국고전번역원, 한국고전종합DB)

두 고려 때부터 그렇게 유전된 것이다." 한다. 고려악지(高麗樂志)에 수룡음(水龍吟) 한 편을 실었는데, 그 사(詞)에 풍정(風情)·기라(綺羅)·홍분(紅粉)·취대(翠黛)에 대한 말을 많이 하였으니, 결코 아악(雅樂)의 뜻이 아니다. 송 나라 천자가 또한 어찌 이것을 특별히 외방(外邦)에 주었겠는가? 가령 그렇다 하더라도 반드시 역대에 준용할 제도는 못 된다. 악지(樂志)에 허다히 실려 있는 취봉래(醉蓬萊)·우림령(雨淋鈴) 편 같은 것은 곧 유기경(柳耆卿)이 지은 것이다. 취봉래(醉蓬萊)는 송 나라 인종 때에 드렸으나 파하고 쓰지 않은 것인데, 이 말이 《엄주집(弇州集)》에 보인다.[2]

성호가 언급한 수룡음(水龍吟)이라는 곡은 『고려사』 「악지(樂志)」 당악(唐樂)편에 수록되어 있기에 당연히 아악(雅樂)이 아니다. 또한 취봉래(醉蓬萊)·우림령(雨淋鈴) 등의 곡은 유기경(柳耆卿), 즉 유영(柳永)이 지은 것이 확실하다. 『엄주집(弇州集)』은 명나라 때 왕세정(王世貞)이 지은 것인데, 성호의 독서가 폭이 넓었다는 것을 알 수 있다.

『고려사』 「악지(樂志)」는 아악(雅樂), 당악(唐樂), 속악(俗樂)으로 분류되어 기술되어 있다.

당악(唐樂)편에는 헌선도(獻仙桃)·수연장(壽延長)·오양선(五羊仙)·포구락(抛毬樂)·연화대(蓮花臺) 등이 수록되어 있고, 속악(俗樂)편에는 '무애(無㝵)', '동동곡(動動曲)', '무고(舞鼓)' 등이 수록되어 있는데, 성호는 이에 대해 자세한 비평을 가하고 있다.

또한 성호는 같은 곳에서 송 휘종(宋徽宗)때 만들어진 대성악(大晟樂)에 대해 『문헌통고(文獻通考)』를 인용하여 설명하고 있는 점이

---

2) 『성호사설』(한국고전번역원, 한국고전종합DB)

특이하다.

　　《통고(通考:문헌통고)》에 상고하면 대성악(大晟樂)은 자자한 군
졸[縣卒] 위한진(魏漢津)이 망령되이 새로운 의사를 내어 유릉(裕陵
금 현종(金顯宗)의 능호. 즉 현종을 가리킴)의 손가락 마디로 척률
(尺律)을 정하였는데, 그 설(說)에, "우(禹) 임금은 소리[聲]로 율
(律)을 삼고, 몸[身]으로 도(度)를 삼아, 왼손[左手] 중지(中指) 3절
(節) 3촌(寸)을 써서 신지(臣指)라고 하여 상성(商聲)의 관(管)을
만들고, 다섯째 손가락 3촌을 써서 물지(物指)라 하여 우성(羽聲)의
관(管)을 만들고, 둘째 손가락을 민지(民指)라 하여 각(角)을 만들
고, 엄지 손가락을 사지(事指)라 하여 치(徵)를 만들었는데, 민(民)
과 사(事)는 군(君)과 신(臣)이 다스려 물건으로서 기르기 때문에
관(管)을 만드는 법에 쓰지 않고 세 손가락을 합하여 9촌이 되니,
이것이 곧 황종(黃鍾)의 정률(定律)이다.〈성호사설 제13권 / 인사문
(人事門)〉"[3]

　　성호는 고려의 악에 대해서 언급하고 있을 뿐만 아니라, 조선의 악
에 대해서도 자세하게 언급하고 있다. 태조 때 정도전에 의해 지어진
몽금척(夢金尺)·수보록(受寶籙)뿐만 아니라, 태종 때 지어진 근천정
(覲天庭)·수명명(受明命), 그리고 세종 때 지어진 하황은(荷皇恩), 하
성명(賀聖明), 성택(聖澤)과 세종 때 연주된 곡파(曲破), 육화대(六花
隊)에 대해 언급하고 있는데, 특히 육화대에 대해서는 "도화(桃花)·
행화(杏花)·해당화(海棠花)·이화(梨花)·장미화(薔薇花)·소도화(小桃

---

3)『성호사설』(한국고전번역원, 한국고전종합DB)

花) 따위로 꾸며졌으며, 또 작무(鵲舞)와 향산(香山) 같은 것은 모두 아이들 장난에 지나지 않으니 족히 보잘 것이 없다."고 평하고 있다. 또한 성호는 세종 29년인 1447년에 통용된 『용비어천가(龍飛御天歌)』 와 문무에 해당하는 보태평(保太平)의 악곡과 보태평의 춤에 대해 평하고 있는 것으로 보아 삼국의 악 뿐만 아니라, 고려 및 조선의 악에 대해서도 정통하였다고 할 수 있다.

이 밖에 성호는 세종 때 박연이 황종의 관을 만든 일에 대해서도 기록하고 있다.

> 박연 악률(朴墺樂律): 세종 대왕은 음악 만드는 데 뜻이 있었다. 그 당시에 거서(秬黍)는 해주(海州)에서 났고 경석(磬石)은 남양(南陽)에서 났는데, 세종이 박연(朴墺)에게 명하여 편경(編磬)을 만들도록 하였다. 박연은 이 거서라는 기장을 가지고 적분(積分)해서 황종(黃鍾)이란 관(管)을 만들었다. 그 소리가 중국 율관(律管)에 비해 조금 높게 된 것은 땅의 비옥하고 척박한 것이 다르고, 기장에도 크고 작은 것이 있기 때문에 밀[蠟]을 녹여 붙여서 만들었다는 것이다. 중국 기장은 우리나라 해주 기장과 비교하면, 조금 크게 생겨서 한 개만 해도 1푼이 되고 열 개만 쌓으면 1촌이 된다. 이러므로 아홉 치로 황종 길이를 만들고 서 푼씩 덜기도 하고 보태기도 해서 12율(律)을 만들었다 하니, 이 말은 아주 웃을 만하다.〈성호사설 제5권 / 만물문(萬物門)〉[4]

박연이 해주에서 난 기장을 가지고 황종 관을 만들었으나 기후의

---

4) 『성호사설』(한국고전번역원, 한국고전종합DB)

차이로 인하여 기장의 크기가 다르기 때문에, 중국에서 보내준 황종과 소리에 차이가 있었다. 그래서 여러 번의 시행착오 끝에 밀을 녹여서 적당한 크기의 기장을 만들어 황종관을 만들었다는 기록이 『세종실록』 및 『증보문헌비고』에 전해진다. 그런데 이에 대해 성호는 밀을 녹여서 만든 기장은 매우 깔끄러워서 여러 개를 쌓을 수 없기 때문에 이 말은 매우 웃을 만하다고 평한 것이다. 박연이 황종 율관을 만들 때, "모양 제도는 한결같이 중국에서 내려 준 편경(編磬)에 의하였고, 성음(聲音) 신이 스스로 12율관(律管)을 만들매 합하여 이루었다."고 말하였으나, 여러 대언들이 모두 거짓말이라 여겼다는 『세종실록』의 기록과 성호의 발언은 일치한다.

성호는 음악 이론에 관해서도 잘 알고 있었다.

주악거상(周樂去商): 대사악(大司樂)에, "환종(圜鍾)이 궁(宮)으로, 황종(黃鍾)이 각(角)으로, 대주(大簇)가 치(徵)로, 고선(姑洗)이 우(羽)로 되면 천신(天神)들이 흠향하고, 함종(函鍾)이 궁으로, 대주가 각으로, 고선이 치로, 남려(南呂)가 우로 되면 지기(地祇, 땅귀신)들이 흠향하며, 황종이 궁으로, 대려(大呂)가 각으로, 대주가 치로, 응종(應鍾)이 우로 되면 인귀(人鬼)들이 모두 흠향할 수 있다." 하였으니, 무릇 오성(五聲)에서 상(商)은 쓰여지지 않았다.〈성호사설 제23권 / 경사문(經史門)〉[5]

이에 대해 성호는 "『율려신서』에는 60조(調)로 되어 있으나 그 실제에 있어서는 다만 12조(調)가 있을 뿐인데, 이것만으로도 오성(五

---

5) 『성호사설』(한국고전번역원, 한국고전종합DB)

聲)에 배합시키면 그런대로 배치될 수 있을 듯하다.

하지만 천신(天神)에 제사할 때 환종(圜鍾)이 궁(宮)으로 된다면 바로 협종(夾鍾)이 궁으로 되는 것이고, 황종(黃鍾)이 각(角)으로 된 다면 이칙(夷則)이 궁으로 된다 한다. 태주(太簇)가 치(徵)로 된다면 임종(林鍾)이 궁으로 되고, 고선(姑洗)이 우(羽)로 된다면 또 임종이 궁으로 된다. 다 같이 임종이 궁으로 되었는데 하나는 태주가 치로 되고 하나는 고선이 우로 된다면, 어찌 가하겠는가? 그러면 소리[音] 는 같아도 이름이 다르니, 그 의의가 분명히 부합되지 않는 셈이다. 그런 것을 세밀히 따져 보지 않고 그저 똑같이 해 놓았으니 무슨 이 유인가?"라고 평하고 있다.

이로부터 우리는 성호가 채원정이 지은 음악이론서인『율려신서』 도 알고 있었다는 것을 알 수 있다.『율려신서』는 세종 시대에 악론을 정비하거나 악기를 제작할 때 중요하게 참고하였던 서적 중 하나인 데, 이를 제대로 읽을 수 있는 사람이 별로 없을 정도로 어려운 서적 이었다.

성호가 음악에 관해 다양한 글을 남겼다는 사실로부터 우리는 소 남 또한 음악에 관해 알고 있었다고 추론할 수 있다. 왜냐하면 성호 선생이 쓴 글을 원문과 대조하고, 취할 만한 점이 있는지 평가하였으 며, 착오가 있는 부분이 있으면 증거를 제시하고 수정하여 성호 선생 의 글을 완성하였던 이가 바로 소남이었기 때문이다.

3. 소남의 음악 논설

소남이 음악에 관해 논설한 것으로는 세 편이 있는데, '종률합변의 (鍾律合變疑)', '종률변(鍾律辨)', '선궁구변동이변(旋宮九變同異辨)'이 바로 그것이다. 그럼 차례대로 그 논설을 살펴보자.

1) '종률합변의(鍾律合變疑)'

'종률합변의(鍾律合變疑)'는 종(鍾)의 율이 합하고 변하는 것에 관한 문제 제기이다. 우선 합(合)에 대해 소남은 "황종과 대려를 자(子)와 축(丑)으로 삼아 합하는 부류(以黃鍾大呂爲子丑合之類)"라고 설명하고 있다. 소리는 양(陽)의 소리와 음(陰)의 소리로 나누어지며, 양(陽)의 소리에는 황종(黃鍾), 태주(太簇), 고선(姑洗), 유빈(蕤賓), 이칙(夷則), 무역(無射)이 있고, 음(陰)의 소리에는 대려(大呂), 응종(應鍾), 남려(南呂), 함종(函鍾), 소려(小呂), 협종(夾鍾)이 있어, 흔히 12율려(律呂)라고 한다. 육율(六律)은 육시(六始)라고도 하는데, 양(陽)의 소리로 시작하기 때문이고, 육려(六呂)는 육간(六間)이라고도 하는데, 양의 소리에 끼어 있기 때문이다. 혹은 육동(六同)이라고도 하는데, 부부(夫婦)로서의 정(情)이 같기 때문이다.

소남이 합(合)이라고 말한 것은 『주례』 대사악(大司樂)에서 다음과 같이 언급한 것을 인용한 것이다.

황종으로 연주하고 대려로 노래하고 운문을 춤추어서 천신에게 제사지낸다. 태주로 연주하고 응종으로 노래하고 함지를 춤추어 지기에게 제사지낸다. 고선으로 연주하고 남려로 노래하고 대소를 춤추어서 사망에 제사지낸다. 유빈으로 연주하고 함종으로 노래하고 대하를 춤추어서 산천에 제사지낸다. 이칙으로 연주하고 소려로 노

래하고 대호를 춤추어서 선비에게 제향을 지낸다. 무역으로 연주하
고 협종으로 노래하고 대무를 춤추어 선조에 제향을 지낸다.6)

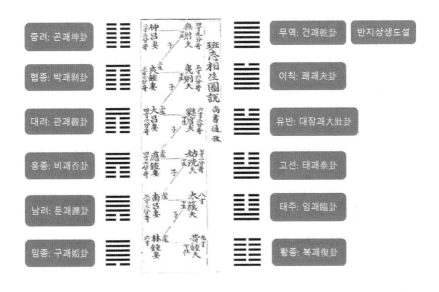

여기서 운문(雲門)은 제요(帝堯)의 덕이 가까이 다가가면 햇살처
럼 따사롭고, 멀리서 보면 만물을 촉촉이 적셔주는 구름과 같아서 붙
어진 이름이고, 함지(咸池)는 황제가 만물을 감화시켜 윤택하게 한
공을 칭송한 음악이며, 대하(大夏)는 우왕(禹王)의 치수의 공을 칭송
하는 음악이다. 대호(大濩)는 탕왕(湯王)이 백성을 도탄에서 보호하
여 윤택하게 한 공을 칭송한 음악이고, 대무(大武)는 무왕(武王)이 무

6) 『周禮注疏』(文淵閣四庫全書 電子版, 上海人民出版社, 1999), "乃奏黃鐘, 歌大呂,
舞《雲門》, 以祀天神. 乃奏大蔟, 歌應鐘, 舞《咸池》, 以祭地祇. 乃奏姑洗, 歌南呂,
舞《大磬》, 以祀四望. 乃奏蕤賓, 歌函鐘, 舞《大夏》, 以祭山川. 乃奏夷則, 歌小呂,
舞《大濩》, 以享先妣. 乃奏無射, 歌夾鐘, 舞《大武》, 以享先祖."

력으로 화란을 평정하여 폭정을 그치게 한 공을 칭송한 음악이다. 사망(四望)은 천자가 사방의 산천을 바라보며 지내는 제사이며, 선비(先妣)는 주나라 시조인 후직(后稷)의 어머니 강원(姜嫄)을 가리킨다.

　소남은 합(合)에 대해 황종과 대려를 자(子)와 축(丑)으로 삼아 합하는 부류라고 보았다.[7] 음악을 합(合)하는 것으로 소남은 『주례』 대사악(大司樂)에서 말한 바 있는 "黃鍾(子)大呂(丑), 太簇(寅)應鍾(亥), 姑洗(辰)南呂(酉), 蕤賓(午)函鍾(未, 林鍾), 夷則(申)小呂(巳, 仲呂), 無射(戌)夾鍾(卯)"를 제시하고 있지만, 정작 그 합하는 원리에 대해서는 언급하지 않고 있다.

　그런데 음양의 소리를 합하는 원리는 무엇인가? 일찍이 세종 때 음악을 연구하던 책임자였던 박연(朴堧)은 음양의 소리를 합하는 원리로써 북두칠성의 운행과 해와 달이 만나는 12차의 운행을 제시한 바 있다. 즉 대개 두병(斗柄)이 십이신(十二辰)을 운행하되 왼쪽으로 돌게 되는데, 성인이 이를 본떠서 육률을 만들고, 일월은 십이차(十二次)로 모이되 오른쪽으로 돌게 되는데, 성인이 이를 본떠서 육동(六同)을 만들었는데, 육률은 양(陽)이니, 왼쪽으로 돌아서 음에 합치고, 육동은 음(陰)이니, 오른쪽으로 돌아서 양에 합치게 된다는 것이다.

　음양의 소리를 합하는 원리란 북두가 12신(辰)을 돌 때의 위치와 그때 일월(日月)이 12차(次)에서 만나는 곳에 해당하는 율려(律呂)를 합하는 것을 말한다. 즉 북두가 해(亥)의 위치에 있으면, 해와 달이 인(寅)에서 만나고, 북두가 인(寅)에 있으면 해와 달이 해(亥)에서

---

7) 『소남문집』, "合則, 以黃鍾大呂爲子丑合之類, 是也."

만난다. 마찬가지로 자(子)와 축(丑), 묘(卯)와 술(戌), 진(辰)과 유(酉), 사(巳)와 신(申), 오(午)와 미(未)에서 북두의 두병이 가리키는 위치와 일월(日月)이 12차(次)에서 만나는 신(辰)이 관계하는데, 이에 따라 음양의 소리를 합하는 것이다.

그렇다면 변(變)은 무엇인가? 소남은 '函鍾爲宮' 이하의 것을 변(變)으로 보았다. 육합(六合), 즉 자(子)와 축(丑), 묘(卯)와 술(戌), 진(辰)과 유(酉), 사(巳)와 신(申), 오(午)와 미(未)의 합을 변하게 하므로 변(變)이라는 것이다. 그래서 (『주례』대사악에서) 6변(六變)을 언급한 그 위의 글에서는 그 변(變)을 언급하지 않고, 7변을 언급한 그 아래의 글에서야 비로소 그 변(變)을 언급한다는 것이다.[8] 그래서 주례 대사악의 "환종(협종)이 궁이 되고, 황종이 각이 되고, 태주가 치가 되고, 고선이 우가 되어, 6변한다."는 것에서 6변은 7변의 잘못된 표기라고 말한다. 즉 육변(六變)에서 한번 더 변했다는 의미여서 7변이라는 것이고, "함종이 궁이 되고, 태주가 치가 되고, 남려가 우가 되면", 8변이고, "황종이 궁이 되고, 대려가 각이 되고, 태주가 치가 되고, 응종이 우가 되면", 9변이라는 것이다.[9]

즉 소남은 주례 대사악에서 천신에게 제사하거나 지기에게 제사하거나 인귀에게 제사할 때, 황종이 궁이 되거나, 각이 되거나, 상이 되거나, 치가 되거나, 우가 되는 것을 변(變)으로 본 것이다. 그래서 소남은 『國語』주어(周語)에서 말한 바 있는 7율에 대해 위소(韋昭)가

---

8) 『소남문집』, "變則, 圜鍾爲宮, 以下, 是也. 是變六合爲變, 故曰變. 然六變以上不言其變, 七變以下始言其變, 律之法也."
9) 『소남문집』, "凡六樂, 一變二變三變四變五變六變, 凡樂, 圜鍾(夾鍾)爲宮, 黃鍾爲角, 太簇爲徵, 姑洗爲羽, 六變(六恐七之誤). 凡樂, 函種爲宮, 太簇爲角, 姑洗爲徵, 南呂爲羽, 八變. 凡樂, 黃鍾爲宮, 大呂爲角, 太簇爲徵, 應鍾爲羽."

주(註)한 궁·상·각·치·우·변치·변궁의 설에 반대한다.

第一宮	第二宮	第三宮	第四宮	第五宮	第六宮	第七宮	第八宮	第九宮	第十宮	第十一宮	第十二宮
黃正	林正	太正	南正	姑正	應正	蕤正	大正	夷正	夾正	無正	中正
林正	太正	南正	姑正	應正	蕤正	大正	夷正	夾正	無正	中正	黃變
太正	南正	姑正	應正	蕤正	大半正	夷半正	夾半正	無半正	中半正	黃半變	林半變
南正	姑正	應正	蕤正	大半正	夷半正	夾半正	無半正	中半正	黃半變	林半變	太半變
姑正	應正	蕤正	大半正	夷半正	夾半正	無半正	中半正	黃半變	林半變	太半變	南半變
應正	蕤正	大半正	夷半正	夾半正	無半正	中半正	黃半變	林半變	太半變	南半變	姑半變
蕤正	大半正	夷半正	夾半正	無半正	中半正	黃半變	林半變	太半變	南半變	姑半變	應半變

欽定四庫全書 / 儀禮經傳通解 / 宮 下生徵 上生高 / 下生羽 上生角 / 下生變宮 上生變徵

　　주자(朱子)의 『儀禮經傳通解』에는 선궁84성지도(旋宮捌拾肆聲之圖)가 있는데, 여기에서 주자(朱子)는 「예운」에서 말한 바 있는 "5성6율12관, 선상위궁(伍聲六律拾貳管, 還相爲宮)에 대해 설명하고 있다. 소남도 이를 인용하여 "제2궁 이하는 이미 정반(正半)의 소리를 사용하고, 제9궁 이칙 이하는 모두 정반(正半), 변반(變半)의 소리, 소위 자성(子聲)을 사용한다. 이칙이 궁이 되면 황종의 정성(正聲)을 사용할 수 없다. 그러므로 황종의 변반(變半) 사촌(四寸)의 소리를 사용한다. 정성(正聲)과 변성(變聲)의 소리는 청탁(淸濁)이 현격하게 다르다. 지금 비록 억지로 정하여 황종이라 일컫더라도, 사실 황종의 소리가 아니다. 『국어』의 7율은 『주례』 9변의 법과 같지 않다."10)라고 하였다.

　변(變)이란 『주례』 대사악에서 환종위궁(圜鍾為宮), 함종위궁(凾種為宮), 황종위궁(黃鍾為宮)과 같은 것을 말한다고 설명하고 있으며, 이는 위소(韋昭)가 말하는 변성(變聲), 반성(半聲)이 아니라는 것이다. 그런데 박연(朴堧)은 이와는 다르게 설명하고 있는데, 변(變)이란 바로 횟수의 의미라는 것이다.

　　종묘(宗廟)에서 영신(迎神)하는 음악은 황종궁(黃鍾宮)을 사용하여 아홉 번 변하게 할 것이니, (…) 그 음악이 아홉 번 변하는 것은 자(子)의 수(數)가 원래 아홉이기 때문이니, 그러므로 이 궁(宮)을 옛 사람이 인궁(人宮)이라 이른 것입니다. 석전(釋奠)·선농(先農)·우사(雩祀)도 이와 같으니 모두 사람 귀신에게 제향(祭享)하는 까닭입니다. 사직(社稷)에서 영신(迎神)할 때에는 함종궁(函鍾宮)을 사용하여 여덟 번 변하게 할 것이니, 대개 함종(函鍾)은 곧 곤(坤)의 윗자리인 미위(未位)의 임종률(林鍾律)인 것입니다. (…) 그 음악이 여덟 번 변하는 것은, 미(未)의 수(數)가 원래 여덟인 까닭입니다. 산천제(山川祭)에 음악을 사용하는 것도 역시 이 궁(宮)을 사용하게 되는 것은 산천이 지기(地祇)에 속하는 까닭입니다. 이 궁(宮)을 옛적 사람이 지궁(地宮)이라 이르고 함종(函鍾)이라고 명칭한 것은, 곤(坤)이 널리 함유(含有)하는 뜻이 있기 때문입니다. 원단(圜壇)의 풍운뢰우 신(風雲雷雨神)을 맞이할 때에는 환종궁(圜鍾宮)을 사용

---

10) 『소남문집』, "而自唐漢以後, 曰『國語』周有七律, 韋昭之註, 合於禮運伍聲陸律合貳管旋相為宮之說, 為捌合四聲之圍, 而自第二宮以下, 已用正半之聲, 而第九宮夷則以下, 則皆用正半變半之聲, 所謂子聲者也. 夷則為宮, 而不可用黃鍾之正聲, 故用黃鍾變半四寸之聲, 正變之聲, 清濁懸殊, 今雖硬定謂黃鍾, 而其實, 非黃鍾之聲也. 國語七律, 不過如周禮九變之法."

하여 어섯 번 변할 것이니 환종(圜鍾)은 곧 진빙(震方)의 윗자리인
묘위(卯位)에 해당한 협종률(夾鍾律)인 것입니다. (…) 그 음악이 여
섯 번 변하는 것은 묘(卯)의 수가 원래 여섯인 까닭이니, 환종(圜
鍾)으로 명칭한 것은 천체(天體)가 원래 둥근 때문에 이 궁(宮)을
옛적 사람이 천궁(天宮)이라고 이르게 된 것입니다.[11]

세종 때 아악을 정비한 것은 세종 12년인 1430년 윤12월 1일의 일
이었다. 즉 그때까지는 음악의 이론에 관한 한 치열한 논쟁이 있었으
며, 그 논쟁의 결과로 아악이 정비된 것이었다. 종묘(宗廟)에서 영신
(迎神)할 때나 사직(社稷)에서 영신(迎神)할 때, 그리고 풍운뢰우 신
(風雲雷雨神)을 맞이할 때 몇 번을 연주할 것인가에 대한 문제도 중
요한 논쟁거리 중의 하나였는데, 그 이유를 박연은 이렇게 설명하고
있다.

우리 나라 영신(迎神)의 음악은 소속되는 음률을 가리지 않고 다
만 응안(凝安)·경안(景安) 등의 곡명(曲名)으로 나타나 있을 뿐이
고, 또 여섯 번, 여덟 번, 아홉 번 변하는 법을 알지 못하여, 매양 제
사에 신(神)을 맞이할 때에는 모두 황종(黃鍾) 일궁(一宮)만을 연주
하여 삼성(三聲)으로 그치는데, 어떤 때는 이성(二聲)으로 그치기도
하고 어떤 때는 일성(一聲)으로 집례(執禮)의 말에 따라 그치기도
합니다.[12]

---

11) 『세종실록』 12년(1430년) 2월19일 기사 참조. 『세종실록』에는 동쪽 정성(東井
星)이라고 해석하였으나 동정성(東井星)으로 고침.
12) 상동.

소남도 세종 때 논쟁하던 중요한 문제에 대해서 자신의 견해를 드러내었다. 그러나 박연(朴堧)을 비롯하여 그 당시 음악을 연구하던 학자들은 진양(陳暘)의 악서(樂書)나 채원정의 『율려신서(律呂新書)』, 『문헌통고(文獻通考)』, 『두씨통전(杜氏通典)』, 『주례악서(周禮樂書)』 등 여러 서적을 섭렵한 후에 논쟁한 것임에 반하여, 소남은 『儀禮經傳通解』에 의거하여 자신의 견해를 홀로 밝혔기 때문에 문제의 여지가 있을 수밖에 없는 것은 어쩌면 당연한 결과라고 하겠다.

2) '종률변(鍾律辨)'

소남이 그의 문집에 음악에 관한 글을 남기게 된 이유는 무엇일까? 그는 어떤 글을 참고하여 이 글을 지은 것일까? 그 계기는 바로 앞에서 언급한 바 있는 주자(朱子)의 『儀禮經傳通解』라고 할 수 있다. 왜냐하면 『儀禮經傳通解』의 제 13권이 '종율(鍾律)'과 '종율의(鍾律義)'라는 제목의 글인데, 소남의 글은 거의 모두 이 내용과 관련되어 있기 때문이다.

소남은 '종률변(鍾律辨)'에서 세 가지 의문을 제기한다. 첫 번째 의문은 황종의 율관을 정할 때 기장 1,200개로 정할 수 있는가의 문제이고, 두 번째 의문은 황종 율관과 관련된 문헌 중에서 믿을 수 있는 서적은 사마천의 『사기』와 반고의 「율력지」뿐인데, 『사기』 율서에서는 기장 1,200개라고 하고, 반고의 율력지에서는 810分이라고 하는데, 두 문헌에서 언급하는 바가 다르다는 것이다. 세 번째 문제 제기는 응종(應鍾)에 이르면, 그 율관의 구멍이 겨우 침 하나에 불과한데, 어떻게 소리를 듣고, 소리를 낼 수 있겠느냐는 것이다.

그럼, 먼저 소남의 첫 번째 문제 제기에 대해 살펴보자. 소남은 『儀禮經傳通解』에서 언급한 바 있는 사마천의 「율서(律書)」를 인용하여 "酉에 이르면 69,683을 얻어 寸法으로 삼고, 亥에 이르면 177,147을 얻어 子의 전율(全律)의 실(實)로 삼는다."13)고 설명하고 있다. 『儀禮經傳通解』에 의하면, 黃鐘生十一律數는 이러하다.

자(子)는 1푼[分]이다.

축(丑)은 황종의 3분의 2이다($\frac{1}{1} \times \frac{2}{3} = \frac{2}{3}$).

인(寅)은 황종의 9분의 8이다($\frac{2}{3} \times \frac{4}{3} = \frac{8}{9}$).

묘(卯)는 황종의 27분의 16이다($\frac{8}{9} \times \frac{2}{3} = \frac{16}{27}$).

진(辰)은 황종의 81분의 64이다($\frac{16}{27} \times \frac{4}{3} = \frac{64}{81}$).

사(巳)는 황종의 243분의 128이다($\frac{64}{81} \times \frac{2}{3} = \frac{128}{243}$).

오(午)는 황종의 729분의 512이다($\frac{128}{243} \times \frac{4}{3} = \frac{512}{729}$).

미(未)는 황종의 2,187분의 1024이다($\frac{512}{729} \times \frac{2}{3} = \frac{1024}{2187}$).

신(申)은 황종의 6,561분의 4096이다($\frac{1024}{2187} \times \frac{4}{3} = \frac{4096}{6561}$).

유(酉)는 황종의 19,683분의 8192이다($\frac{4096}{6561} \times \frac{2}{3} = \frac{8192}{19683}$).

술(戌)은 황종의 59,049분의 32768이다($\frac{8192}{19683} \times \frac{4}{3} = \frac{32768}{59049}$).

---

13) 『소남문집』, "至於酉得六千九百八十三為寸法, 至於亥得十七萬七千一百四十七為子全律之實" 여기서 '六萬'은 '一萬'의 오기이다.

해(亥)는 황종의 177,147분의 65536이다 ($\frac{32768}{59059} \times \frac{2}{3} = \frac{65536}{177147}$).

그런데 酉의 寸法과 亥의 子全律之實은 『儀禮經傳通解』에서 언급한 바 있는 채원정의 『律呂新書』의 내용과 관계가 있다. 『律呂新書』黃鍾之實 第二에서는 法과 數 그리고 黃鍾之實에 대해 이렇게 설명하고 있다.

子一	黃鍾之律
丑三	為絲法
寅九	為寸數
卯二十七	為毫法
辰八十一	為分數
巳二百四十三	為釐法
午七百二十九	為釐數
未二千一百八十七	為分法
申六千五百六十一	為毫數
酉一萬九千六百八十三	為寸法
戌五萬九千□□四十九	為絲數
亥一十七萬七千一百四十七	黃鍾之實

이에 의하면, 12신 중에서 子寅辰午申戌의 六陽辰은 황종(黃鐘)의 촌(寸)·푼(分)·리(釐)·호(毫)·사(絲)의 수(數)가 된다. 그래서 子는 황종의 율이 되고, 寅은 9촌(寸)이고, 辰은 81푼(分)이고, 午는 729리(釐)이고, 申은 6,561호(毫)이고, 戌은 59,049사(絲)가 된다. 12신 중

에서 亥酉未己卯丑의 六陰辰은 황종(黃鐘)의 촌(寸)·푼(分)·리(釐)·
호(毫)·사(絲)의 법(法)이 된다. 亥는 황종의 실(實)이고, 酉의 19,683
이 촌(寸)이 되고, 未의 2,187이 푼(分)이 되고, 巳의 243이 리(釐)가
되고, 卯의 27이 호(毫)가 되고, 丑의 3이 사(絲)가 된다.[14] 촌(寸)·
푼(分)·리(釐)·호(毫)·사(絲)의 법은 모두 9라는 수를 사용하는데, 9
사(絲)가 호(毫)가 되고, 9호(毫)가 리(釐)가 되고, 9리(釐)가 푼(分)
이 되고, 9푼(分)이 촌(寸)이 되고, 9촌(寸)이 황종이 된다.[15]

이에 반해 반고는 「율력지」에서 『주역』에서 말한 바 있는 3의 하
늘(天)과 2의 땅(地)의 수에 의지하여 황종의 율관에 대해 설명하고
있다. 그에 의하면, 하늘(天)의 수는 1에서 시작하고, 25에서 끝나며,
그 의미는 3으로써 기록한다. 그러므로 1의 값은 $3\frac{6}{25}$을 얻는다. 하
늘이 끝나는 수 25를 값하면 81을 얻는데, 거기에다 천지 다섯 방위
의 합이 끝나는 10을 곱하면 810푼이 된다는 것이다. 땅(地)의 수는
2에서 시작하고 30에서 끝난다. 그 의미는 2로써 적는다. 그러므로 1
의 값은 2를 얻는다. 땅(地)이 끝나는 수 30을 값하면 60을 얻는다.
여기에 땅의 중간 값 6을 곱하면 360푼이 되는데, 이것이 林鐘之實이
다. 사람은 하늘을 계승하고 땅에 순종하며, 기운을 따라서 만물을 이
룬다. 8괘를 통괄하고, 8풍(風)을 조절하고, 8정(政)을 다스리고, 8절
(節)을 바로잡고, 8음(音)을 조화시키고, 8일무(佾舞)를 추고, 8방

14) 蔡元定, 『律呂新書』(文淵閣四庫全書 電子版, 上海人民出版社, 1999), "其十二辰
所得之數, 在子寅辰午申戌六陽辰, 為黃鐘寸分釐毫絲之數, 在亥酉未己卯丑六陰
辰, 為黃鐘寸分釐毫絲之法."
15) 蔡元定, 『律呂新書』, "其寸分釐毫絲之法, 皆用九數, 故九絲為毫, 九毫為釐, 九釐
為分, 九分為寸, 九寸為黃鐘."

(方)을 감독하고, 8황(荒)을 떠맡아서, 천지의 공을 마친다. 그러므로 8×8, 64이다. 그 의리는 천지의 변화를 다하기 때문에 천지 다섯 방위의 합이 끝나는 10을 곱하면 640푼이 되어 64괘에 응하는 것이 太族之實이라고 설명하고 있다.[16]

이렇듯 사마천이 「율서」에서 황종의 실을 구하는 법과 반고가 「율력지」에서 구하는 법이 각기 다른데, 소남은 반고가 제시한 방법에 의문을 제기하고 있는 것이다. 즉 반고는 도수(度數)를 사용하여 용적을 살필 때, 거서(秬黍) 중에 중간 크기의 1,200개를 담아 황종의 율관으로 삼으면서 용적의 단위인 약(龠)이 되고, 10약이 합(合)이 되고, 10합이 승(升)이 되고, 10승이 두(斗)가 되고, 10두가 곡(斛)이 되는 것에 의문을 제기하는 것이다.

두 번째 문제 제기는 황종의 율관은 거서 1,200개를 담은 것이라고 하면서, 다른 곳에서는 810푼이 황종의 실이 되고, 360푼이 임종의 실이 되고, 640푼이 태주의 실이 되어, 신뢰하기 어렵다는 것이다. 세 번째 문제 제기는 거서를 담는 방법에 따라 삼분손익하여 응종에 이르면, 그 지름이 침 하나의 크기에 불과하여 감각할 수가 없는데, 어떻게 불어서 소리를 들을 수 있냐는 것이다.

---

16) 許嘉璐 主編, 安平秋 副主編, 『二十四史全譯·漢書』(漢語大詞典出版社, 2004年). "《易》曰:「參天兩地而倚數。」天之數始於一, 終於二十有五。其義紀之以三, 故置一得三又二十五分之六, 凡二十五置, 終天之數, 得八十一, 以天地五位之合終於十者乘之, 為八百一十分, 黃鐘之實也。地之數始於二, 終於三十。其義紀之以兩, 故置一得二, 凡三十置, 終地之數, 得六十, 以地中數六乘之, 為三百六十分, 林鐘之實。人者, 繼天順地, 序氣成物, 統八卦, 調八風, 理八政, 正八節, 諧八音, 舞八佾, 監八方, 被八荒, 以終天地之功, 故八八六十四。其義極天地之變, 以天地五位之合終於十者乘之, 為六百四十分, 以應六十四卦, 大族之實也"

사마천은 길이에 의하여 삼분손익하는 방법에 따라 12율관을 정하는 것인데 반해, 반고의 방법은 혼란스러워 믿기 힘들다는 것이 소남의 입장이다. 그런데 이는 성호의 입장과도 일맥상통한다. 성호도 박연(朴堧)이 밀랍으로 거서를 만들어 황종 율관을 만든 방법에 대해 웃을 만하다고 평하지 않았는가?

3) '선궁구변동이변(旋宮九變同異辨)'

소남은 여기에서 선궁(旋宮)과 구변(九變)의 차이에 대해서 변론하고 있다. 소남에 의하면, "선궁의 법은 구변의 사용과 다른데, 선궁은 균성(均聲)을 가지고 말한 것이고, 구변은 균조(均調)를 가지고 말한 것이다."[17]라고 하였다. 그렇다면, 균성(均聲)이란 무엇인가? 소남은 선궁의 법은 오성(五聲)으로 꾸미는 것에 불과할 뿐이라고 말한다.[18] 따라서 균성(均聲)이란 궁·상·각·치·우의 오성(五聲)을 갖추는 것이라 할 수 있다. 이에 반해 구변(九變)의 조(調)는 각 조마다 네 가지 율(律)을 사용하여 모두 36율(律)되고, 율(律) 각각 세 번 변하게 되는데, 그 때 상조(商調)를 사용하지 않는 것 역시 음양이 서로 합하는 것에서 나왔다고 한다.[19]

그 이유에 대한 소남의 설명을 들어보자. 합악(合樂)과 분악(分樂)에서는 각각 음양의 소리가 조화한다고 한다. 합악(合樂)이란 『주례』

---

17) 『소남문집』, "旋宮之法, 與九變之用, 自不同. 旋宮以均聲而言, 九變以均調而言"
18) 『소남문집』, "旋宮之法不過曰文之五聲而已"
19) 『소남문집』, "九變之調, 每調各用四律, 四九(變)三十六, 而律各三變也. 其不用商調者, 亦出於陰陽之相合"

「대사악」에서 육율(六律)과 육동(六同), 오성(五聲)과 팔음(八音)과 육무(六舞)로써 크게 합악(合樂)하여 천신과 인귀와 지기가 이르도록 한다고 할 때의 합악을 말한다. 이때 합악(合樂)이란 운무대권과 대함, 대소, 대하, 대호, 대무의 육무를 출 때, 팔음의 악기와 오성의 노래를 합하는 것을 뜻한다고 할 수 있다. 소남은 합악(合樂)할 때, 12율이 모두 각각 오성(五聲)으로 꾸미게 되면 60성(聲)이 되고, 이 60성(聲)이 음양(陰陽)으로 각각 30이 되어 소리가 조화롭게 된다고 설명하고 있다.

분악(分樂)이란 음악을 나누어, 천신(天神)과 지기(地祇), 사망(四望)과 산천(山川) 그리고 선비(先妣) 및 선조(先祖)에게 제사하는 것을 뜻하는데, 노래와 연주에 두 가지 율(律)을 사용하면, 합하여 10성(聲)이 되어 음양이 조화롭게 된다고 한다(사실은 12성이다).

그런데 문제는 변악(變樂)이라고 소남은 보았다. 변악(變樂)에서는 율(律)의 음양을 사용하지 않고, 소리의 음양을 마치 오성(五聲)을 사용할 때처럼 쓴다. 그런데 양(陽)의 소리가 이기게 되면 음(陰)의 소리가 빼앗기게 되어, 소리가 조화롭게 않게 된다. 음양의 각각을 취하여 네 가지 조(調)를 사용하는데, 이 역시 음양을 합하는 것에서 근본을 취한다는 것이다.[20]

달리 말하면, 합악(合樂)의 경우에 60성(聲)이 음양 각각 30(聲)이 되어 조화를 이루고 있고, 분악(分樂)의 경우 12(聲)이 음양으로 조화를 이루고 있지만, 변악(變樂)의 경우 궁·상·각·치·우의 오성(五聲)을 사용하게 되면, 조화가 깨지므로, 상조(商調)를 사용하지 않고

---

20) 『소남문집』, "今變樂則不以律之陰陽, 而但以聲之陰陽如用五聲, 則陽聲勝而陰聲奪, 聲不和矣. 取陰陽之各用四調, 此亦取本於陰陽之合."

궁우(宮羽)와 각치(角徵)의 네 가지 조(調)만 사용한다는 것이다.

소남은 변악(變樂)을 설명하면서 천통(天統), 지통(地統), 인통(人統)의 삼통(三統)을 인용하여 언급하고 있다. 『한서』「율력지」에 의하면, "삼통(三統)은 천시(天施), 지화(地化), 인사(人事)의 기틀이다. 11월은 건괘의 초구이고, 양기가 지하에 엎드려서, 비로소 드러낸 것이 (육효에서 초구에 해당하는) 하나이고, 만물이 싹터서 움직이니, 가장 음한 곳에 씨를 심는다. 그러므로 황종이 천통이 되는데, 율의 길이가 9촌이다. 6월은 곤괘의 초육이고, 음기가 가장 큰 양(태양)에게서 임무를 받아, (만물을) 계속 양육하고 부드럽게 하고, 만물이 생겨서 자라게 하며, 그것을 未에서 무성하게 하고, 종자로 하여금 강건하고 크게 한다. 그러므로 임종이 지통이 되는데, 율의 길이는 6촌이다. 정월은 건괘의 구삼인데, 만물이 기를 통하기 시작하고, 모으기 시작하여 寅時에서 자라나와, 사람이 받들어 그것을 형성하게 하고, 인으로써 그것을 기르고, 의로써 그것을 행하고, 사물로 하여금 각기 그 이치를 얻게 한다. 寅은 木인데, 仁이 되며, 그 소리는 商이고, 義가 된다. 그러므로 태주가 인통이 된다. 율의 길이는 8촌이다."[21]라고 하였다.

황종은 천통(天統)으로써 대려(陰)로 함께하는데, 이것이 궁성(宮

---

21) 許嘉璐 主編, 安平秋 副主編, 『二十四史全譯·漢書』, "三統者, 天施, 地化, 人事之紀[也]。十一月,「乾」之初九, 陽氣伏於地下, 始著為一, 萬物萌動, 鐘於太陰, 故黃鐘為天統, 律長九寸。九者, 所以究極中和, 為萬物元也。《易》日:「立天之道, 日陰與陽。」六月,「坤」之初六, 陰氣受任於太陽, 繼養化柔, 萬物生長, 楙之於未, 令種剛彊大, 故林鐘為地統, 律長六寸。六者, 所以含陽之施, 楙之於六合之內, 令剛柔有體也。「立地之道, 日柔與剛。」「乾」知太始,「坤」作成物。」正月,「乾」之九三, 萬物棣通, 族出於寅, 人奉而成之, 仁以養之, 義以行之, 令事物各得其理。寅, 木也, 為仁；其聲, 商也, 為義。故太族為人統, 律長六寸。"

聲)의 합이고, 임종은 지통(地統)인데 양(陽)인 유빈으로 합하여 치
성(徵聲)의 합이 되며, 태주는 인통(人統)으로서 음(陰)인 응종이 함
께하여, 상성(商聲)의 주인이 된다. 그리고 고선은 각(角)이 되어 남
려(陰)로써 함께하여, 각기 하나의 음(音)을 점유하게 된다. 그러나
이칙과 무역은 음(陰)으로써 양(陽)을 들어맞아야 한다. 그러므로 그
소리로 얻지 못한다. 마찬가지로 협종과 중려도 양(陽)으로써 음(陰)
을 들어맞아야 한다. 그러므로 역시 그 소리를 얻지 못한다. 지금 조
율하고자 한다면, 궁(宮)과 치(徵)는 천지음양의 근본이 되고, 각(角)
과 우(羽)는 백성과 사물의 합이 되지만, 상성(商聲)만은 합하는 것
이 없는데, 인통(人統)은 천지만물의 주인이기 때문이라는 것이다.
상(商)은 금(金)에 속하고, 소리는 금속에서 나오며, 사람은 성음의
주인이기 때문에, 소리로 보면 상(商)이 되어, 네 가지 소리 사이에
두루 흐르게 되는데, 이것이 바로 쓰이지 않는 쓰임(不用之用)이라는
것이다. 이를 균조(均調)로써 말하면, 「옥조(玉藻)」에서 조음(調音)으
로 말하는 것과 그 의미는 다르지 않다. 그러나 궁(宮)과 우(羽)가 좌
측을 점유하고, 치(徵)와 각(角)이 우측을 점유하는 한 가지 경우가
있는데, 하늘은 마땅히 좌측을 점유하고, 땅은 마땅히 우측을 점유한
다. 우물(羽物)은 청(淸)하여 하늘에 속하고, 민각(民角)은 탁하여 땅
에 속하는 한 가지 경우가 있는데, 궁(宮)과 치(徵)가 좌측을 점유하
게 되면, 양(陽)이 지나쳐 우측을 이기게 되어, 궁(宮)과 치(徵)는 청
탁이 치우쳐서 다르게 된다. 궁(宮)은 가장 탁(濁)하여 양(陽)으로써
좌측을 점유하고, 우(羽)는 가장 청(淸)하여 음(陰)으로써 양(陽)에
부합한다. 치(徵)는 다음으로 청하여 음(陰)으로써 우측을 점유하고,
각(角)은 다음으로 탁하여 양(陽)으로써 음(陰)을 따르는 것이 법도

이니, 이것이 음양이 조화되고 소리가 조절되는 것이라고 설명한다. 즉 변악(變樂)에서는 궁·상·각·치·우가 君·臣·民·事·物에 비유될 때, 인통(人統)에 해당하는 상(商)은 천지만물의 주인이기 때문에 짝하는 것이 있을 수가 없고, 궁우(宮羽)와 각치(角徵)의 네 가지 율만이 청탁의 원리에 따라 합하는 것이 구변의 쓰임이라는 것이다.[22]

예로부터 『주례』 대사악에서 천신(天神)이나 지기(地祇) 그리고 인귀(人鬼)에게 제사할 때 유독 상성(商聲)만을 사용하지 않는 것에 대한 의문이 있었다. 그래서 진양(陳暘)은 『악서(樂書)』에서 "상성(商聲)은 금(金)인데, 주(周)나라가 목덕(木德)으로 왕이 되었으므로, 상극(相剋)을 피한 것일 뿐이다."[23]라고 말한 바 있다. 진양(陳暘)은 또한 『荀子』에서 악장에 상성(商聲)이 있는지를 태사가 반드시 살핀 것은 상극을 피하기 위한 것이고, 주(周)나라에서 허리에 차는 옥이 왼쪽의 것은 치성(徵聲)과 각성(角聲)을 내고, 오른쪽의 것은 궁성

---

22) 『소남문집』, "合樂則十二律, 皆擧而各文五聲為六十聲, 陰陽各三十而聲和矣. 分樂, 歌奏只用二律, 而合為十聲而陰陽和矣. 今變樂則不以律之陰陽, 而但以聲之陰陽如用五聲, 則陽聲勝而陰聲奪聲, 不和矣. 取啟陽之各用四調, 此亦取本於啟陽之合, 何也? 黃鍾為天統而大呂以陰合之, 是為宮聲之合也. 林鍾為地統而蕤賓以陽而合為徵聲之合, 大簇以人統而應鍾以陰同之, 為商聲之主也. 姑洗為角而南呂以陰同, 各占一音, 夷則無射則以陰中之陽, 故不得其聲, 夾鍾中呂以陽中之陰, 故亦不得其聲. 今欲為調, 宮徵則為天地啟陽之本, 角羽則為民物之合, 而商聲無合, 而為人統為天地民物之主者也. 商屬金而聲出於金, 人為聲音之主, 聲便是商也. 周流於四聲之間, 是不用之用也. 此則以均調而言, 玉藻則以調音而言, 然其取義, 恐無異義也, 但宮羽居左, 徵角居右者一, 則天宜居左, 地宜居右, 而羽物, 則以清而屬天, 民角以濁而屬地一, 則宮徵居左, 則陽偏勝右, 宮徵則清濁偏殊, 宮為最濁以陽而居左, 羽以最清以陰而附陽, 徵以次清以陰而居右, 角以次濁以陽而從陰為度, 此陰陽和而聲調矣."

23) 陳暘, 『樂書』(文淵閣四庫全書 電子版, 上海人民出版社, 1999), "商為金聲而周以木王, 其不用則避其所剋而已"

(宮聲)과 우성(羽聲)을 내어 상성(商聲)이 쓰이지 않은 것과 같은 뜻
이라고 말하기도 하였다.

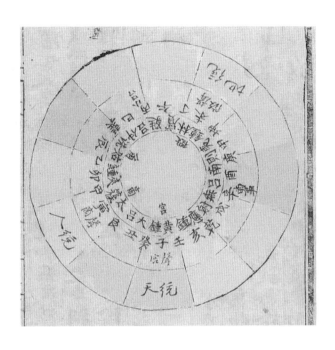

소남도 천신(天神)이나 지기(地祇) 그리고 인귀(人鬼)에게 제사할
때 유독 상성(商聲)만을 사용하지 않는 것에 대한 의문을 품고 이에
대한 논설을 펼쳤는데, 이에 대한 소남의 견해는 이제까지 제기된 바
없는 전혀 새로운 것이었다. 그러므로 자득(自得)하였다고 할 수 있
다. 그런데 구변(九變)의 경우, 우(羽)에 대한 언급이 전혀 없다. 따라
서 어떠한 소리가 우(羽)가 되어 궁(宮)과 조화하는지 알 수가 없을
뿐만 아니라, 사마천의 『사기』나 반고의 「율력지」, 주자(朱子)의 『儀
禮經傳通解』, 채원정(蔡元定)의 『律呂新書』 중 어느 곳에서도 이와 연

관된 언급을 발견할 수 없는 점이 아쉽다.

4. 나가며

소남은 성호의 뒤를 이어 음악에 대한 논설을 남겼다. 성호가 주로 삼국, 고려, 조선에 관한 음악을 논설하였다면, 소남은 주로『儀禮經傳通解』에 수록되어 있는 음악 이론에 기반하여 논설하였다는 차이가 있다.

예로부터 육경(六經)이 있었다. 시경(詩經), 서경(書經), 예경(禮經), 악경(樂經), 역경(易經), 춘추(春秋)가 그것인데, 악경(樂經)이 망실되고 난 후, 그 중에 남은 것이『禮記』등에 흩어져 수록되어 있을 뿐이어서, 음악에 관한 이론은 늘 논쟁의 대상이었다.

소남의 음악 논설은 관련된 서적을 충분하게 접할 수 없는 환경 속에서, 동반자 없이 홀로 고독하게 진행한 논설이라는 점을 눈여겨 보아야 한다. 소남의 음악 논설은 옳고 그름의 문제가 아니라, 그가 『儀禮經傳通解』를 읽고 떠오른 의문에 대해서 자신의 견해를 용기있게 피력했다는 점이 우선 지적되어야 한다는 것이다.

『주례』 대사악에서 변악(變樂)할 때 상성(商聲)이 사용되지 않는 이유는 이제까지 해결된 바 없는 난제 중의 난제이다. 소남은 이에 대해 상성(商聲)의 '不用之用'을 제외하면, 궁우(宮羽)와 각치(角徵)의 네 가지 율이 조화된다는 설을 펼쳤는데, 이제까지 제기된 바 없는 참신한 견해라 할 수 있다. 즉 소남은 위소(韋昭)가 제기한 7율인 궁·상·각·치·우·변치·변궁의 설을 물리치고, 오성(五聲)만을 가지고 논해야 한다는 입장이었다. 변치(變徵)와 변궁(變宮)의 변성(變聲), 반성(半聲)은 치(徵)도 아니고 궁(宮)도 아니기 때문에 변악(變樂)할 때 쓸 수 없다는 입장이었다.

오성(五聲)인 궁(宮)·상(商)·각(角)·치(徵)·우(羽) 중에서 황종의 궁(宮)은 천통(天統)에 해당하고, 임종인 치(徵)는 지통(地統)에 해당하며, 태주의 상(商)은 인통(人統)에 해당하고, 고선은 각(角)에 해당한다. 궁(宮)과 치(徵)는 천지음양의 근본이고, 각(角)과 우(羽)는 백성과 사물의 합(合)이라면, 유독 상성(商聲)만이 인통(人統)으로서 천지만물을 주재하는 존재이기 때문에 합하는 대상이 없다는 논설은 매우 독특하다 하겠다.

참고 문헌

『朝鮮王朝實錄』(국사편찬위원회, http://sillok.history.go.kr)

許嘉璐 主編, 安平秋 副主編,『二十四史全譯·漢書』(漢語大詞典出版社, 2004年)

陳暘,『樂書』(文淵閣四庫全書 電子版, 上海人民出版社, 1999)

蔡元定,『律呂新書』(文淵閣四庫全書 電子版, 上海人民出版社, 1999)

朱子,『儀禮經傳通解』(文淵閣四庫全書 電子版, 上海人民出版社, 1999)

林尹 注譯,『周禮今註今譯』(臺灣商務印書館, 中華民國68年)

『周禮注疏』(文淵閣四庫全書 電子版, 上海人民出版社, 1999)

許嘉璐 主編, 安平秋 副主編,『二十四史全譯·史記』(漢語大詞典出版社, 2004年)

马持盈 著,『史記今註 第三冊』(台湾商务, 2010)

성호사설(한국고전번역원, 한국고전종합DB)

성호전집(한국고전번역원, 한국고전종합DB)

邵南 尹東奎의 학문과 四書學의 의미*

전성건 안동대 동양철학과

* 이 글은 2021년 10월 25일 실학박물관 열수홀에서 "인천의 잊혀진 실학자 소남 윤동규 선생의 학문과 사상" 학술회의에서 발표하고, 2021년 12월 10일자 『陽明 學』 제63호에 실린 것을 수정한 것이다.

1. 들어가는 말

한국 실학의 역사에서 가장 중요한 사람으로 우리는 磻溪 柳馨遠 (1622~1673)을 든다. 반계는 실학의 鼻祖로 공인되었는데, 그것은 『磻溪隨錄』이라는 걸출한 저작이 있어서였다.1) 그리고 실학의 비조를 가장 근거리에서 계승한 그 다음 인물은 星湖 李瀷(1681~1763)이라고 할 수 있다.2) 성호의 학문은 退溪 李滉(1501~1570)의 학문을 統緒로 하여 이른바 조선후기 근기실학을 개창하였지만, 眉叟 許穆 (1595~1682)과 반계로부터 영향을 받아 새로운 학문체계를 이루었기 때문이다.3) 허목의 영향 속에서 실학이라는 학문의 토대를 마련한 학자가 반계였던 것이다.4) 더불어 성호와 그 문인들의 학문적 성과는 傳乘과 改新의 측면에서 다른 학파와 결을 달리한다고 할 수 있다.

성호는 自得과 懷疑를 대표적인 학문방법으로 제시하면서 제자들을 가르쳤다.5) 스스로 터득하고 문제를 제기하는 것이 바로 자득과

---

1) 임형택, 「『磻溪遺稿』의 고찰-실학과 실학파문학의 원류-」, 『한국한문학연구』 38, 2006, 7쪽.
2) 爲堂 鄭寅普(1893~1950)는 조선후기 실학의 계보를 "반계가 一祖, 성호가 二祖, 다산이 三祖이다."라고 정리하였다. 정인보, 「다산 선생의 생애와 업적」, 『담원 국학산고』, 1955, 71쪽.
3) 송갑준, 「성호학파의 분기와 사상적 쟁점」, 『인문논총』 13, 2000, 1쪽.
4) 정성희, 「근기실학과 반계 유형원」, 『온지논총』 50, 2017, 296쪽.
5) 윤재환, 「성호학파를 통해 본 조선후기 지식 집단의 형성과 변모의 한 양상」,

회의이다. 先儒의 학분을 묵수하고 준수하는 것이 아니라, 선유의 학설에서 문제를 찾고 자신의 생각과 판단으로 해결책을 제시하고자 하는 後儒의 학문방법이 바로 그것이다. 기왕의 연구 성과를 검토해보면, 성호를 종장으로 형성된 성호학파의 분기는 크게 세 가지 점에서 진행되었다고 할 수 있다. 公七情論爭, 四書解釋, 天學批判에 대한 것이 그것이다.6)

　공칠정논쟁은 성호의 『四七新編』과 「重跋」을 중심으로 전개되었다. 『사칠신편』은 퇴계의 四端七情論을 토대로 저술된 것으로 公喜怒氣發說로 정리되는데, 河濱 愼後聃(1702~1761)의 『四七同異辨』의 비판을 받고 성호가 다시 『사칠신편』에 「重跋」을 달면서 하빈의 견해를 수용하게 된다. 그러나 이에 대해 邵南 尹東奎(1695~1773)는 「중발」의 설명이 문제가 있다는 점을 비판적으로 제시하면서 가르침을 다시 주기를 스승인 성호에게 청한다. 이후 貞山 李秉休(1710~1776)와 順菴 安鼎福(1712~1791) 등 성호학파 내부에서 논쟁이 격화된다. 이후 성호는 다시 제자들의 의견을 토대로 公喜怒理發氣發說을 종합한 뒤 「중발」의 주장을 버리고 『사칠신편』으로 복귀하게 된다. 이것이 바로 성호학파 내부에서 발생한 公七情論爭의 전말이다.7)

　　『고전과 해석』 26, 2018, 249쪽.

6) 송갑준, 「성호학파의 분기와 사상적 쟁점」, 『인문논총』 13, 2000 참조. 이 논문에서는 『대학』 해석과 천학에 대한 논의와 관련해서 邵南의 견해는 빠져 있다.

7) 기왕의 연구에서 이 부분이 다루어졌음에도 불구하고, 몇 가지 의문점이 있는 것도 사실이다. 첫째, 성호의 定論이 무엇인지 명확하지 않다. 둘째, 소남과 관련된 공칠정문제는 그동안 『순암집』과 순암이 쓴 행장의 내용을 중심으로 전개되었다. 소남의 「雜著」에 기록되어 있는 「四七辨」 등 그의 저술을 통해 그의 眞義를 확인할 수 있을 것이다. 이와 관련해서는 조만간 다른 논문에서 자세하게 다루고자 한다.

성호학파의 사서해석에 대한 연구는 주로 성호의 四書疾書에 대한 것이 대부분이다. 성호학파 종장으로서의 해석이 중요했기 때문이다. 이 외에 주목할 만한 것으로는 『大學章句』의 체제 및 설명에 대해 비판적 입장을 갖고 있는 정산 이병휴의 『大學心解』가 있다. 『古本大學』을 底本으로 한 정산의 분장과 해석은 주자학에 대한 도전이었고, 이후 鹿菴 權哲身(1736~1801)과 茶山 丁若鏞(1762~1836)에게도 영향력을 행사한다는 점에서 학계에 주목을 끌었다.[8]

하빈 신후담 또한 고본대학에 기초하여 『大學後說』을 저술하였다. 하빈의 『대학후설』이 정산 이병휴의 『대학심해』와 차이 나는 것은, 정산이 주로 『大學疾書』만을 참고하고 있는 데 반해, 하빈은 정자와 주자는 물론, 명·청대의 유학자 및 성호학파 諸友의 학설까지도 폭넓게 다루고 있다는 점이다.[9] 『논어』와 『맹자』 그리고 『중용』에 대한 해석도 없는 것은 아니지만, 다산 정약용 이외에 주자학의 틀을 크게 벗어나는 것은 아니라는 점에서 『대학』에 대한 중요성을 확인할 수 있다.

성호학파의 天學[10] 비판에 대한 길은 보통 세 가지로 정리된다. 성

---

8) 최석기, 「정산 이병휴의 『대학』 해석과 그 의미」, 『남영학연구』 14, 2002; 최석기, 「성호학파의 『대학』 해석-성호, 정산, 다산을 중심으로」, 『한국실학연구』 19, 2010; 안영상, 「고본 『대학』설을 둘러싼 성호학파의 갈등 양상과 그 의미」, 『한국사상과 문화』 29, 2005; 서근식, 「성호학파 정산 이병휴의 『대학』 해석의 의미 연구」, 『민족문화』 58, 2021 등 참조.

9) 임부연, 「신후담 『대학후설』의 새로운 성찰-이패림의 『四書朱子異同條辨』과 비교하여-」, 『종교와 문화』 31, 2016, 124쪽 참조.

10) 기존의 연구에서는 天主學이나 天主敎라는 말을 주로 사용하였으나, 여기에서는 天學이라는 용어를 사용하고자 한다. 이는 조선후기 실학자뿐만 아니라, 다른 유학자들도 天學이라는 용어를 보편적으로 사용하고 있기 때문이다.

오는 천주학의 수행을 유교의 克己와 연계하여 『天主實義』와 『七克』을 공감적으로 이해하고 평가하였지만, 天堂地獄說 등의 종교적 내용에 대해서는 부정하였으므로 이른바 '선별적 포용주의자'라고 할 수 있다. 이에 반해 하빈 신후담과 순암 안정복은 '전면적 배타주의자'라고 할 수 있다. 하빈은 「西學辨」을 통해서, 순암은 「天學考」와 「天學問答」을 통해서 서양의 天學書를 체계적으로 비판하였기 때문이다. 曠菴 李檗(1754~1785)과 녹암 권철신 계열의 다산 정약용은 「辨謗辭同副承旨疏」를 통한 이른바 背敎의 경험을 하였지만, 그의 上帝論은 서양의 天主論을 창조적으로 轉用하고 變形시켰다는 점[11]에서 이른바 '儒敎有神論者'라고 할 수 있다.

이밖에도 성호학파를 연구할 때 빼 놓을 수 없는 분야가 바로 서양의 과학기술에 대한 수용과 비판에 대한 것[12] 및 의례실천에 대한 것[13] 등이 있다. 이른바 북학파나 연암학파로 불리는 학자들은 서양의 과학기술을 수용하고자 하였고, 근기남인 또한 그러한 생각에 동조하고 있지만, 영남남인을 비롯한 성리학자 일부는 천학뿐만 아니라, 서양의 과학기술까지도 小藝로 폄하하며 배척하는 모습을 보이기도 한다. 의례와 관련해서는 역시 三禮를 통한 『家禮』의 해석 및 行禮의 측면에서 살펴볼 여지가 많다고 할 수 있다. 특히 소남의 경우, 順菴과 貞山 못지않게 禮說에 밝았던 사람으로 보인다. 이 부분도 앞으

---

11) 선별적 포용주의, 전면적 배타주의, 창조적 전유와 변형이라는 구분은 임부연, 「성호학파의 천주교 인식과 유교적 대응」, 『한국사상사학』 46, 2014를 참조하였다.
12) 구만옥, 「조선후기 서학 수용과 배척의 논리-성호학파의 서학관을 중심으로-」, 『동국사학』 64, 2018 참조.
13) 박종천, 「소남 윤동규의 의례 생활과 예학 연구」, 『장서각』 37, 2017 참조.

로의 후속 연구가 필요한 부분이라고 할 수 있다.

본 논문에서는 소남 윤동규의 일생과 학문 그리고 그가 생각했던 四書에 대한 관점이 무엇인지 살펴보려고 한다. 위에서 제시한 다양한 연구 분야가 있지만 소남의 학술을 연구하기 위해 가장 기초가 되는 것이 그의 생활세계, 학문방법, 그리고 四書經學이라고 판단했기 때문이다. 물론 직접적인 이유도 있는데, 소남의 평소 공부처가 四書였다는 기록이 있기 때문이다.[14]

성호 사후 소남은 당시 성호문하에서 후학들에게는 師表로 칭송되었고, 동학들에게는 畏友로 일컬어졌다.[15] 순암은 소남을 위한 祭文에서 성호를 지식[知]으로, 소남을 행실[行]로 稱頌했으며, 성호의 道를 소남에게, 성호의 家學을 貞山에게 돌리고 있다.[16] 그럼에도 불구하고, 성호학파의 노성층에 속하면서 성호문하의 어른인 門丈의 역할[17]을 했던 소남에 대한 연구는 매우 적은 편이다.

이상에서 소개했던 것을 제외하고 『시경』 이해의 양상을 다룬 논문이 있는데, 성호의 『시경』 이해와 같이 도덕과 의리를 바탕으로 하지만, 字義의 실증성을 찾고자 하고, 현실의 실용적 가치와 구현이라는 점에서 성호의 그것과 차이가 난다고 지적하는 연구가 있다.[18] 성

---

14) 『順菴集』 권26, 「邵南先生尹公行狀【乙巳】」: 先生雖博通羣經, 而喫緊用力, 專在四書. 常曰: 聖學工夫, 無過四子, 當如日用之茶飯, 體驗之工, 不可一刻有間也. 以是其爲學也.

15) 『貞山雜著』 11책: 當時及門之士, 如龍湖尹幼章氏, 余所師表也, 河濱愼耳老·漢山安百順, 皆余所畏友也.

16) 『順菴集』 권20, 「祭邵南尹丈【東奎】文【癸巳】」: 先生以知造而至於高明廣大之域, 公以行勉而期于光輝篤實之地. 先生之門, 得公而道益明, 摯乎盛矣. … 先生之道, 公得其宗, 而家學淵源, 至景協而盛矣.

17) 김시업, 「소남 윤동규의 근기학파에서의 위치」, 『한국실학연구』 9, 2005, 38쪽 참조.

호와 소남이 주고받은 서간의 양상을 살펴본 연구도 있다.[19] 세 가지 양상을 제시하는데, 첫째 서간을 통한 학문적인 의견 교환 및 확정된 의견의 실천, 둘째 교학상장의 계기 마련, 셋째 서간을 통한 관심의 공유가 그것이다.

소남의 의례 생활을 다룬 논문도 작성되었다. 소남의 예설은 利民에 입각하여 진행되었으며, 洞契를 제정하여 향촌사회의 사회적 안전망을 정립하는 데에도 관심을 기울였다는 것이 연구의 요지이다.[20] 마지막으로 저작과 교유과정을 중심으로 소남의 학술을 다룬 연구도 있다. 성호의 『李子粹語』와 『星湖僿說』 등은 물론, 순암의 『東史綱目』 또한 소남의 손길이 닿아 있으며, 성호의 經說을 계승하고 있다는 점을 밝힌 것이 그것이다.[21]

2. 소남 윤동규의 생애와 학문

지금까지 소남에 대한 연구는 주로 『星湖集』과 『順菴集』에 근거하여 이루어졌다. 그 중에서도 『순암집』은 소남 연구의 직접적 인용 대상이었다. 아마도 『순암집』이 일찍 번역되었기 때문인 것으로 보인다. 특히 그의 이력과 학문에 대한 기왕의 연구들은 주로 『順菴集』 권26, 「邵南先生尹公行狀【乙巳】」를 참고해서 작성된 것이 대부분이다.

---

18) 윤재환, 「소남 윤동규의 『시경』 이해의 양상」, 『동방한문학』 77, 2018, 333~334쪽.
19) 구지현, 「성호 이익과 소남 윤동규가 주고받은 서간의 양상」, 『장서각』 37, 2017.
20) 박종천, 「소남 윤동규의 의례 생활과 예학 연구」, 『장서각』 37, 2017.
21) 함영대, 「소남 윤동규의 학술과 성호학파-저작과 교유과정을 중심으로-」, 『장서각』 37, 2017.

본 논문에서는 먼저, 『邵南先生遺集草』와 「邵南尹先生行狀草」를 중심으로 소남의 생애와 학문을 개괄해본다.

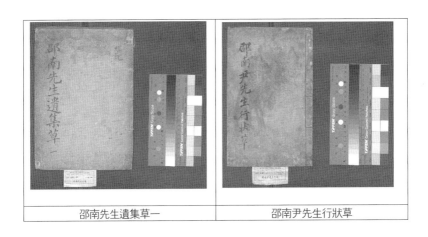

| 邵南先生遺集草一 | 邵南尹先生行狀草 |

소남의 본관은 京畿右道 坡平府이다. 휘는 東圭이고 자는 幼章인데, 坡平人으로 고려 太師 薪達의 後裔이다. 先考는 휘 就望으로 成均 生員이다. 繼室 德水 李氏에게서 소남을 얻었다. 숙종 을해[1695년] 11월 25일이다. 9세에 先考를 여의고 李夫人이 양육하였는데 사방의 師友를 택하여 遊學을 시켰다. 3세에 千字文을 倒誦할 수 있었고 族祖家 소장 『退溪集』을 耽味하여 손에서 놓지 않았다. 族祖가 기특하게 여겨 『퇴계집』 全帙을 주었다. 소남은 外誘에 빠지지 않고 貞介를 堅固하게 지켰으며 朴質에 用力하였는데, 어려서부터 그랬던 것이다.

18세에 星湖의 문하에서 執贄하였는데, 성호는 소남에게 "君은 操存이 이미 익숙하니 독서에 많은 스승이 있을 것이다."라고 하였다. 이때부터 求道의 뜻이 더욱 절실해졌다. 先考께서 평소 爲己之學에 뜻을 두었으나 부모님이 허락하기 않아 뜻을 이루지 못했는데, 李夫人

이 평소 "人家의 子弟들이 부모를 기뻐하게 하는 것이 어찌 科第뿐이
겠는가?"라고 하셨다. 그 의미 역시 先考의 뜻이었던 것이다.

소남은 처음에 과거공부를 하였으나, 곧바로 그만두고 학문에만
뜻을 두었다. 마침내 邵城縣 道南村으로 移居하여 讀書窮理하였다. 선
생의 기질은 明粹하고 지조는 剛正하였으며, 몸가짐은 端正하고 법도
는 的實하였다. 몸은 옷을 이기지 못하는 듯하였으나 持守는 매우 嚴
正하였다. 말은 입 밖에 내지 않는 듯하였으나, 실천은 매우 정확하였
다. 성호는 소남에게 "지금의 尹子가 옛날의 尹子[尹和靖]네."라고 하
였고,[22] 성호의 아들 盟休 역시 "濂洛의 胸襟과 明道의 氣象이 있다."
고 하였다. 또 소남은 평소 財利를 입에 올리지 않았다.

소남은 어려서부터 退陶의 학문에 깊이 黙契가 있었다. 평소 "退陶
께서는 온화하면서도 엄숙하셨고, 위엄이 있으면서도 사납지 않으셨
으며, 사람을 덕으로써 아끼시고, 사람을 선으로 가르쳤으며, 溫柔와
謙退의 뜻이 말에 넘쳐나셨다. 동방의 夫子이며 백세의 師範이시다.
만일 배움에 뜻을 두려고 하면 마땅히 퇴도를 표준으로 삼아야 한다."
라고 하였다.

李夫人이 돌아가시자 經帶를 풀지 않았고, 3개월 동안 죽을 마셨으
며, 3년 동안 거친 밥을 먹었고, 생강과 계피를 쓰지 않았다. 祖母喪에
서도 이와 같이 하였다.

성호 가문이 文學으로 世儒들의 宗匠이 되었기에 인근각지의 수많
은 학자들이 성호에게 歸依하였다. 성호는 다른 문인들보다 가장 먼
저 소남에게 道處를 물었고, 문하에서 50여 년간 성호 선생[函丈]과

---

22) 『順菴集』, 「邵南先生尹公行狀【乙巳】」: 先生語當世人物曰: 宋儒稱和靖尹子六經
之言, 如誦己言, 今之尹某, 誠無愧斯言矣.

講問하였다. 왕복서신을 통해 禮義를 辨難하고 名理를 討論한 것이 수백 조목이나 되었다. 성호의 喪에 哭位를 마련하여 곡하였고, 緦麻의 絰帶를 사용하였으며, 장례 이후에는 期年의 心喪을 하였다.

성호는 처음 四端七情의 名義는 실로 순임금이 말한 人心道心과 同實異名이라고 하였는데, 후인들이 합치할 줄 모르고 설을 지었기 때문에, 어떤 사람은 渾淪善一邊의 뜻에 구애되는 등 서로 다른 의론이 생겨 『四七新編』을 지었다. 그 논의가 灑落通透하여 다시 改評할 것이 없었다. 이후 遯窩 愼後聃이 知覺之氣와 形氣之氣의 두 氣자가 같지 않음 및 公理上 七情과 人心 역시 道心이라는 학설을 따라 「重跋」을 지었다.

이에 소남이 辨論하기를 "마음의 발현은 형기로 인해 발현하는 것이 있으니, 「中庸序」에 총론하여 형기라고 말한 것이니, 대개 이 형기가 아니면, 이 지각은 없다. 그러므로 형기라는 글자를 活看해야 한다. 대개 성인의 마음은 순전히 천리이기 때문에 희로가 자연히 中節하니, 『논어』의 '從心所慾不踰矩'가 이것이다. 이미 순전히 천리라면, 이는 南軒이 말한 '의리로 발현된 분노는 理發이라고 하는 것도 불가할 것이 없으나, 그 근본을 미루어 구분해서 설명하면, 그것은 본래 氣發이라는 것이 분명하니, 이 말을 어떻게 바꿀 수 있겠는가?"라고 하였다. 성호가 곧바로 「중발」을 버렸다.

소남은 평소 "四七理氣之辨은 어려서부터 조금 이해하였으나 확실하지 않았기 때문에 沈潛反覆하여 내 마음의 公私 사이에서 驗察한 것이 50여 년이다. 그런 이후에야 조리가 밝아지고 미혹되지 않게 되었다."고 하였다. 소남에게 사단은 擴充해야 할 것이고, 칠정은 中節해야 하는 것이었다.

가정 형편은 본래 가난하여 몇 칸의 초가집은 겨우 비바람을 가릴 정도였다. 양식도 부족하여 조석으로 처리해야 했다. 長子의 喪에 斂은 묵은 솜을 사용하였고, 幀幄은 검은 천을 썼으며, 대렴에는 絞帶를 하지 않았고 상여는 말로 끌었다. 銘旌은 갈대 자리[茵]로 깔았고, 功布는 棺이 殯宮에서 나오면서부터는 사용하지 않았다. 이는 검소한 집에서 略少하게 지내는 예에서 나온 것이지만, 모두 禮意에 부합한 것이었다.

交河와 瓦洞은 바로 두 분 부원군의 墳墓가 있고 여러 대의 先塋이 있는 곳인데, 선생이 여러 종족들과 時祭를 지내는 예를 강론해 정하고, 해마다 자신이 직접 그 곳에 가서 祭奠을 올렸으며, 다음 날에는 종친회를 가짐으로써 화목을 돈독히 하는 정의를 펼쳤고, 이러한 것으로써 영원히 일정한 規例로 삼았다.

만년에 龍山으로 이거하여 살았다. 용산은 國都의 南郊에 해당하는데, 어린 시절 거주했던 옛터이다. 소남은 평소 '風雩詠歸'의 흥취가 있었다. 門人 李齊任이 물었다. "학문을 종신토록 행할 수 있는 것은 무엇입니까?" 소남이 답했다. "敬으로 내면을 곧게 하고, 義로 외면을 바르게 하며, 널리 배우고 뜻을 독실하게 하며, 절실하게 묻고 가까이 생각하며, 예로 행하고 공손하게 드러내니, 이 밖에는 다른 방도가 없다."고 하였다. 또 퇴계의 「自銘」을 외우고는 "이것이 내가 평생 사모했던 것이다."라고 하였다.

判書 蔡濟恭이 人蔘을 보내오자, 선생은 "삶과 죽음은 이 약의 소관이 아니다."라고 하고는 돌려보냈다. 英宗 50년 癸巳 8월 7일 별세하고, 10월 9일 仁川의 南村 戌座의 자리에 장사지냈다. 향년 79세이다. 邵城의 南村에 거주하였기에 銘旌에 '道南村人'이라고 쓰도록 유

언하였고, 학자들이 '道南先生'이라고 칭하였다.

소남은 공부하는 방법을 사람들에게 가르치면서 "학문방법은 朱書에 갖추어져 있다. … 모두 그 재능에 따라 침을 놓듯이 하였기에 후인들이 증세야 따라 치료하는 약이 모두 책속에 있으니, 독서하는 사람들은 마음을 비우고 뜻을 공손히 하여 … 新奇한 것을 구하는 데에 힘써서는 안 된다. 오직 經義를 반복하여 體行해야 한다. … 어찌 널리 구하고 채집하여 설을 세운 연후에 實學이 되겠는가?"라고 하였다.

소남은 『易』·『書』·『詩』에 모두 志와 疑를 지었다. 「禹貢」에 대해서는 「山川沿革攷」 1책이 있고, 『周禮』와 『春秋』의 志와 疑 중 큰 것을 말하면, 「不改月證」, 「鍾律合變疑」, 「旋宮九變同異辨」, 「躋禧公說」이 있다. 『의례』에 대해서는 만년에 공력을 다했는데, 注疏가 浩汗하여 학자들이 다 볼 수 없는데다, 변석한 것에 잘못이 있고 注疏 역시 모순된 곳이 많았으며, 『續通解』를 刪削하는 과정에서 疏漏한 절목이 있었지만 諸家들을 참고하지 못하여 정리하지 못했다. 『가례』에 대해서는 「編次先後辨」이 있다.

四書에 대해서는 "聖學이 사람을 위해 배려한 것으로, 더욱 마땅히 힘을 써서 마음으로 이해해야 한다. 일상생활의 다반사처럼 익혀야 한다."라고 하였다. 또 소남은 우리나라 사람들이 우리나라의 일을 전혀 모른다고 생각하고는 外史 및 本國의 傳記를 모아 訾水·洌水·浿水·帶水의 「四水辨」을 지었고, 문집 가운데 기재하였다. 『職方外記』나 서양역법 등 연구하지 않은 것이 없었다. 揚雄의 『太玄經』은 난해한 책이라고 칭하고는 河圖洛書의 本數, 先天의 卦氣, 京房의 辟卦, 外術의 分金, 星日의 分度, 納甲 등이 모두 『태현경』에서 나온 것이라고 하였다.

이상의 대략을 정리하면 다음과 같다.

소남은 先考와 선고의 뜻을 받들어 소남을 가르쳤던 先妣의 교육관 및 『退溪集』을 읽으면서 爲己之學에 뜻을 두게 되었다. 퇴계의 「자명」을 항상 외우며 살았던 모습을 통해 이를 더욱 확인할 수가 있다. 또 그의 성품은 端正하면서도 灑落하였는데, 이는 성호를 비롯한 그의 문인들에게서 尹丈으로, 師表로 인정받게 되는 이유가 되기도 하였다. 특히 그는 성호의 글을 비롯하여 朱書 및 四書를 專心으로 배웠으며 新奇한 이론에 집착하는 것을 만류하고 體驗을 통해 자기의 학문화를 지향하였다.

이상의 행장을 통해 확인할 수 있었던 것처럼, 소남의 학문에서 가장 중요하게 다루어지고 있는 것은 公七情氣發說인 듯하다. 퇴계가 四端七情論의 正論[23]을 세웠는데, 그 이후 번다한 논의들이 재생산되는 것을 보고 성호가 『四七新編』을 지어 다시금 퇴계의 本意를 제시하였다. 그러나 성호는 이후 하빈 신후담의 새로운 이론을 접하고 「重跋」을 짓게 된다. 「중발」의 핵심은 公七情理發說이다. 소남은 이에 대한 자신의 비판적인 생각을 밝히고, 결국 성호로 하여금 「중발」을 버리고 『사칠신편』의 주장으로 복귀하게 만든다.

소남은 『李子粹語』로 改名된 『道東錄』의 개편작업에 주요한 역할을 하였으며, 『李先生禮說類編』과 『星湖僿說』을 정리하는 데에도 적지 않은 의견을 피력하였다. 순암의 『東史綱目』의 地理考證에 대한 부분에서도 마찬가지이다. 순암과의 異見과 성호와의 조율 등 소남은

---

23) 『退溪集』 권7, 「進聖學十圖箚【幷圖】」: 如四端之情, 理發而氣隨之. 自純善無惡, 必理發未遂, 而掩於氣, 然後流爲不善. 七者之情, 氣發而理乘之. 亦無有不善, 若氣發不中, 而滅其理, 則放而爲惡也.

성호학파의 저술에 상당한 역할을 했던 것이다.

또한 소남은 禮說을 포함한 다수의 經說을 남겼다. 書信을 통해서 확인할 수 있는 것은 소남의 禮說이 順菴과 貞山 등 禮學에 밝은 諸友에 못지않은 식견을 가지고 있다는 것이다. 또 그 가운데서 四書는 그에게 매우 중요한 의미가 있다. 聖學의 근본을 四書에서 찾고 있기 때문이다.

그런데 의문이 드는 점은, 소남이 朱書와 集註를 준수하여 體行하는 학문에 전력하였다는 것은, 성호 및 성호학파의 自得과 懷疑의 학문방법과 충돌하는 측면이 있다는 것이다. 회의와 자득은 墨守나 遵守를 의미하지 않기 때문이다. 이 부분은 아래의 논의에서 어느 정도 해소될 것이다.

3. 소남 윤동규의 사서학의 의미

주자학에서의 공부는 주로 四書集註를 통해 시작된다. 물론 어려서 천자문이나 사자소학 등을 배우기는 하지만 주자학의 입문서가 사서집주인 것은 회암 주희가 가장 공을 들여 저술하여 성리학을 집대성한 것이 四書學을 통해서였기 때문이다. 『大學章句』, 『論語集註』, 『孟子集註』, 『中庸章句』가 그것이다. 조선시대 유학자들은 물론 소남의 학문도 예외가 아니다.

　　선생은 여러 경서에 모두 통달하였지만, 매우 공력을 쏟은 것은 전적으로 四書에 있었다. 이리하여 늘 말하기를, "성현의 학문을 공부하는 데는 사서를 뛰어넘는 것이 없다. 따라서 일상생활의 茶飯事처럼 익히되 체험하는 공부를 한 순간도 중단이 있게 하여서는 안 되는 것이다."라고 하였다. 이리하여 선생이 학문을 하는 데 있어서는 공경과 의리를 같이 지녔고 마음과 행실을 함께 수양하였으므로, 威儀와 擧動의 법칙은 70년이 하루와 같았고 청렴한 지조와 고상한 절의는 진정 부귀와 빈천에도 마음이 동요되지 않는 기풍을 지녔던 것이다. 그리고 黨論이 유행하는 시대에 처해 있으면서도 실학을 말할 경우에는 사람들이 모두 선생을 추앙하였으니, 이러한 것이 어찌 공연히 그러하였겠는가?[24]

순암 안정복은 소남의 행장에서 그가 가장 많은 공력을 쏟은 분야가 四書라고 하였다. 그리고 사서를 공부하는 것은 성인이 되기 위한 공부인 聖學 때문이다. 평상시 일상생활에서 차 한 잔 마시는 것처럼 몸으로 경험하는 공부를 한 순간도 끊어지지 않게 해야 한다고 하였다. 敬으로 내면의 마음을 곧게 하고 義로 외부의 사태를 방정하게 하는 일상을 유지하여 내면과 외면을 함께 기르고, 몸가짐과 행동거지를 법도에 맞게 하기를 평생토록 하였다. 廉介의 지조와 고상한 절의는 『맹자』「등문공」의 말처럼 부귀와 빈천에도 동요되지 않았다. 그러므로 黨論으로 분열된 시대를 살았지만, 實學을 말할 때에는 사람들이 모두 선생을 推重하였던 것이다.

---

24) 『順菴集』권26, 「邵南先生尹公行狀【乙巳】」: 先生雖博通羣經, 而喫緊用力, 專在四書. 常曰: 聖學工夫, 無過四子, 當如日用之茶飯, 體驗之工, 不可一刻有間也. 以是其爲學也, 敬義夾持, 內外交養, 威儀容止之則, 七十年如一日, 而廉介之操, 高尙之節, 眞有富貴不淫貧賤不移之風焉. 雖在黨議橫流之世, 而語其實學則人皆推重於先生, 此豈徒然哉?

『邵南先生遺集草』에 실려 있는 四書와 관련된 저술은 『論語』「學而」· 「八佾」·「顔淵」·「雍也」, 『孟子』「孟子序說攷證」·「讀孟子王者迹熄而詩亡 章記疑」, 『庸』, 『學』, 『讀大學』, 『論語【追錄】』, 『孟子【追錄】』이다. 『庸』 과 『學』은 이후 『중용』과 『대학』으로 칭하고, 小字는 【 】로 표시하였다.

『논어』「학이」편에서는 學而時習을 해석하는 데 할애한다. 註에서 "習, 鳥數飛也, 學之不已, 如鳥數飛也. … 旣學而又時時習之, 則所學者熟 而中心喜說, 其進, 自不能已矣."라고 하였는데, 소남은 '不已'를 '時時' 의 의미로 풀이하고, '旣學'의 '學'을 '習'자의 誤記라고 말한다. 註 앞 부분에 '學'을 말하고, 다시 學을 말하면 중복이 된다는 것이 그 이유 이다.

『논어』「팔일」편에서는 '揖讓而升下而飮' 구절에 대해 鄭玄의 주 석과 呂大臨의 주석이 모두 통한다고 하였다. 정현은 '揖讓而升降'으 로 구두를 끊었고, 여대림은 '揖讓而升'으로 끊었다. '읍양하고 올라 가 내려와서는, 마신다.'는 의미와 '읍양하고 올라가고, 내려와서 마신 다.'는 의미가 크게 다르지 않다는 것이다. 그러나 이 문제는 다시 『논 어【추록】』에 등장한다.

『논어』「안연」편 '問仁章' 註에서 '身之私欲'과 '己之私'의 語意가 중 첩되어 타당하지 않다고 하였다. 그리고는 '勿'은 '克'자의 뜻이라고 하면서 程子의 말을 인용하여 '非禮'가 곧 '私欲'이고, '勿視聽言動'을 마음으로 하여금 視聽言動하지 못하도록 하는 것이라고 하였다. 앞은 의미의 중복성을 따진 것이고, 뒤는 경문의 의미를 해석한 것이다.

『논어』「옹야」편에서는 孔子가 衛나라 靈公의 부인인 南子를 만나 자 자로가 기뻐하지 않았다는 이야기를 다룬다. 소남은 공자가 남자 를 보려고 한 것은 반드시 까닭이 있었지만 드러내놓고 말하기가 어

려운 점이 있었기 때문이라고 말한다. 병소처럼 숨김없는 기상으로 보
아서는 안 된다는 점을 말하고 있는 것이다.25) 그리고는 「論語序說」을
근거로 설명한다. 南子가 비록 음란하여 미워할 만한 자이지만, 남자
가 回心하게 할 수 있다면 만나야 한다는 것이 그 골자이다.

　「孟子序說疚證」은 孟子가 子思에게서 수업을 받았다는 사실을 문
제로 삼고 있다. 『史記索隱』과 『孔叢子』 등의 책에서는 맹자가 친히
자사에게 수업을 받았다고 했는데, 이는 그렇지 않고, 『史記列傳』에서
子思의 門人에게서 수업을 받았다는 것이 옳음을 고증하고 있다. 또
맹자가 梁나라 惠王과 襄王, 齊나라 宣王, 燕나라를 정벌한 일 등의 순
서 또한 고증의 사례로 제시하고 있다. 더불어 자사가 증자에게 수업
을 받았다는 것도 비판적으로 보고 있다. 이는 성호의 문제의식을 계
승한 것이기도 하다.26)

　「讀孟子王者迹熄而詩亡章記疑」는 왕도정치를 한 성왕들의 자취가
사라지자 詩가 없어졌고, 시가 없어진 이후 『春秋』가 지어졌다는 章
을 읽고 의심난 부분을 기록한 것이다. 「周南」과 「召南」이 천하를 통
일하기 이전에 지어졌고, 「大雅」와 「小雅」가 東遷統一하기 이전에 지
어졌으며, 頌은 成王과 康王 이후에 지어졌다면, 성왕과 강왕 이후에
는 頌이 지어지지 않았고, 동천 이후에는 雅가 지어지지 않았다는 것
이다. 그러므로 맹자가 總言해서 "왕도정치를 한 성왕들의 자취가 사
라지자 시가 없어졌고, 시가 없어진 이후 『춘추』가 지어졌다."고 말한
것이다. 이미 시를 채집하지도 못하게 되고 勸善懲惡의 政令도 행해

---

25) 『邵南先生遺集草』, 「論語」, '雍也': 豈聖人平日無隱之氣象耶?

26) 함영대, 「소남 윤동규의 학술과 성호학파-저작과 교유과정을 중심으로-」, 『장
　　서각』 37, 2017, 84쪽.

지지 않았기 때문에『춘추』를 짓게 된 것이라고 하였다.

　『중용』에서는 주자가 張無垢27)의『中庸辨解』의 '天命之性' 조목에서 董仲舒28)의 '性者, 生之質者'를 인용하면서 子思의 뜻과 거의 같다고 하였는데, 동중서의 말은『莊子』「康桑楚」에 근본한 것으로,『장자』의 뜻은 그가 知覺運動이란 것을 알았다는 것을 가리킬 뿐이니, 氣로써 形을 이루고, 理 또한 부여되었다[氣以成形, 理亦賦焉]는 성리학의 논의와는 근본적으로 다르다는 점을 밝히고 있다. 또 동중서의『春秋繁露』「論性」편에서 "聖人의 性은 性이라고 명명할 수 없고, 性이란 中民의 성이다."라고 하였으니, 동중서가 논한 性은 莊子·老子·荀子·揚子와 거의 같다고 할 수 있다고 하였다. 그렇다면, 이것은 주희가 그 본의를 자세히 살피지 못하고 이해한 것으로, 소남은 이러한 주희의 생각에 반론을 제시한 것이다.

　또『중용』13장에서 인용한 '伐柯詩'의 註에서 주희는 "도끼자루를 잡고 도끼자루를 벤다는 비유는 사람으로 사람을 다스린다[以人治人]는 의미"라고 하였다. 그러나 소남은 '執柯'의 '柯'는 '以人'의 '人'을 비유한 것이고, '伐柯'의 '柯'는 '治人'의 '人'을 비유한 것이다. 사람이 비록 각각의 사람이지만 나의 도는 타인도 가지고 있는 것이고, 타인의 도 또한 내가 가지고 있는 것이다. 이 도가 사람에게서 멀지 않다는 것이다. 그렇다면 註에서 말하고 있듯이 도끼자루를 베는 이가 오히려 멀다고 하는 것은 내가 가지고 있는 도끼자루와 타인이 가지고

---

27) 송나라 때 학자 張九成(1092~1159)을 말한다. 자는 子韶, 호는 橫浦居士 또는 無垢居士이다. 楊時(1053~1135)의 제자로 경학을 깊이 연구하여 訓解한 것이 많다. 저서로는『橫浦集』,『孟子傳』이 있다. 시호는 文忠이다.

28) 前漢의 유학자이자 문신이다. 유교를 漢나라의 국교로 삼도록 武帝를 설득하고『春秋繁露』등의 저서를 남겼다.

있는 도끼자루가 다르지 않다는 것인지 의문을 제시한다.

　또『중용』13장 4절 註에서 '道不遠人者'를 '夫婦所能'이라고 하고, '丘未能一者'를 '聖人所不能'이라고 하였는데, 이것도 타당하지 않다고 하였다. 왜냐하면 이 장에서 말하고 있는 道는 細事를 專指한 것이 아니기 때문이다. 부부도 능할 수 있다는 것으로 공자가 이른바 능하지 못하다고 한 것은 人倫으로 마땅히 해야 하는 것이다. 그렇기 때문에 소남은 "만약 聖人이 여기에서 결과적으로 능하지 못하면, 어떻게 聖人이라고 할 수 있겠는가?"라고 의문을 제시한다.

　『대학』 전10장에 나오는 老老·長長·恤孤 3가지를, 語勢로 考究하면, 사람들의 仁을 언급한 것이지 우리 노인을 노인으로 대접한다는 의미가 아니라고 소남은 주장한다. 앞 장에서 家齊와 敎成을 말했으니, 이 章은 一國의 백성을 無政으로 다스리면[齊] 안 된다는 점을 밝힌 것이다. 養老, 敬長, 恤孤의 政事로 다스리면, 백성들이 孝悌를 흥하게 하고 배반하지 않게 된다. 또 노인과 어른은 타인의 노인과 어른을 범범하게 가리킨[汎指] 것이 아니다. 특히 孤는 나의 어린이를 지시한 것이 아니고 바로 타인의 어린이를 가리킨 것이니, 주희의 말은 語不成說이라고 주장한다. 이에 대한 것은 『예기』 「왕제」에 상세히 갖추어져 있고, 鄕歙酒禮의 의미가 실제 이 章의 註脚이니, 살펴볼 것을 제안한다.

　『讀大學』에서는 『小戴禮記』가 鄭玄의 舊本이니, '此謂知本, 此謂知之至也'一節은 곧 지금의 經文 1章의 아래와 연계되고, 誠意章은 '知之至也' 아래와 연계되며, 「淇澳」과 「烈文」 두 詩도 성의장 아래에 연계되어야 한다는 점을 제시한다. 그러므로 '康誥' 이하에서 '止於信'까지 지금의 傳3장은 「烈文」 詩 아래에 있어야 한다고 주장한다. 이 뒤에서 소남은 程顥와 程伊川 그리고 朱熹가 대학의 편제를 만든 전말을 소개하고, 다시 朝鮮의 陽村 權近과 晦齋 李彦迪의 이해 및 퇴계 선생이 靜存齋 李湛(1510~1557)에게 보낸 편지를 소개한다.[29] 퇴계의 견해가 至論이어서 다시 논의할 것이 없다고 하였다. 요컨대, 건물에 다소간의 문제가 있더라도 그 근간을 흔들면 건물의 완성도가 오히려 떨어진다는 점을 제시한 것이다.

또 근래 하빈 신후담과 정산 이병휴 등의 諸友가 舊本 『大學』에 따라 格致에 闕文이 있는 것이 아니고 그 條理 역시 살펴볼 수 있다고 하였다. 소남은 그들의 설이 어떠한 지 자세히 알 수는 없지만, 그들의 말도 다시 살펴볼만한 이치가 있다고 하였다. 결론적으로 소남은 集註에 欠闕이 있음을 보지 못한다고 하면서도, 後學들은 『大學或問』 가운데 程子의 格致 9조목을 集註가 경1장, 전10장으로 나눠 만든 보망장을 정밀하고 잘못이 없는 법으로 생각하고, 또 구본 『대학』을 참고한다면 해가 될 것이 없다고 하였다.

『論語【追錄】』은 먼저 「學而」편 '傳不習'에 대한 것이다. 소남은 먼저 『朱子語類』를 인용하여 주희가 이해한 「學而」편의 요지가 忠信을 근본으로 하고, 이후 학문으로 구제하는 것임을 밝힌다.[30] 그러나 다

---

29) 『退溪集』 권11, 「答李仲久」: 諸儒徒見此數節中有知止知先後知本等語, 意謂可移之以爲格致之傳, 更不思數節之文, 頓無格致之義, 未見補傳之益, 適得破經之罪, 其可乎哉? 今有巨室於此, 正寢輪奐無闕, 而廊廡有一缺處. 大匠見之, 作而補修, 材良制美, 少無可議. 其後有世所謂良工者, 〔過而相之, 恥己之一無措手於此室也. 於是〕, 强生意智, 〔攘臂其間, 折壞其所補處〕, 撤取正寢數架材〔來, 圖〕欲補完其所壞處, 更不計正寢之材, 初非廊廡之材也. 〔 〕은 소남의 글에서 생략된 부분이다.

30) 『朱子語類』: 問: "伊川謂曾子三省, 忠信而已'. 不知此說盡得一章意否?" "伊川之意, 似以'傳不習'爲不習而傳與人, 亦是不忠信者." 問: "如此說, 莫倒了語意否?" 曰: "然. 但以上文例推之, 也卻恁地. 要之, 亦不須如此說. 大抵學而篇數章, 皆是

시 생각해볼 여지는 있다고 말한다. 그리고는 '自省' 2글자를 제시하고, '傳不習'은 사람을 가르치는 것으로 말한 것이고, 이렇게 보아야 맛이 있는 듯하다고 결론짓는다.

두 번째는 앞서 살펴보았던 '揖讓而升下而歙'에 대한 것이다. 평소 의심이 해결되지 않았다고 하면서 글을 전개한다. 앞에서는 정현의 주석과 여대림의 주석이 모두 통한다고 했는데, 여기서는 성호의 『大學疾書』의 내용을 보고, 본의를 생각해보니, 揖讓 두 글자는 堂에 오를 때나 내려올 때 모두 하는 것으로 생각해야 한다고 말하고, 또 벌주를 마실 때에도 읍양한다고 정리한다.

세 번째는 「팔일」편 관중의 그릇이 작다는 것[子曰: 管仲之器, 小哉!]에 대한 것이다. 공자가 그릇이 작다고 하였고, 검소하다는 것은 吝嗇과 가깝기 때문에 어떤 사람은 관중의 그릇이 작은 것을 그가 검소하다고 의심한 것이고, 또 그릇이 작다는 것은 구차함과 가깝기 때문에 어떤 사람은 관중의 그릇이 작다는 것을 예를 아는 것으로 생각하였으나, 끝내 다시 그릇이 작다는 것이 무엇인지 물을 수 없게 되는 상황이 되어버렸다. 물음이 잘못되어 공자의 의미를 제대로 확인하지 못하게 되었다는 것이다.

네 번째는 「論語序說」에 대한 것이다. 「논어서설」에서는 定公 14년에 공자가 56세의 나이로 魯나라 정사를 섭행하고 일을 처리하였는데, 少正卯를 誅殺하여 노나라가 크게 다스려졌다는 기록이 있다.[31] 소남은 「논어서설」의 연도가 잘못되고 『史記』「魯世家」에서 말한 11

以忠信爲本, 而後濟之以學."
31) 『論語集註』, 「論語序說」: 十四年乙巳, 孔子年五十六, 攝行相事, 誅少正卯, 與聞國政. 三月, 魯國大治. 소남의 필사본에는 '小正卯'로 되어 있다.

년이 옳다고 주장한다. 이러한 소남의 주장은 『春秋』의 經文을 詳考하
여 추론한 결과이다.[32) 그리고 이후 그 근거를 연도별로 밝히고 있
다. 그리고 마지막에 주자의 가르침[朱訓]을 바른 것으로 생각하고,
공자가 노나라에서 정치를 섭행하면서 사무를 처리한 것이나, 소정
묘를 주살한 일들은 마땅히 聖經을 위주로 보아야 한다는 점을 분명
히 한다.[33)

　소남의 四書에 대한 마지막 글은 「孟子【追錄】」이다. 『맹자』 「등문공」
의 "능이 말로 양주와 묵적을 막을 수 있는 이는 성인의 무리이다."
[能言距楊墨者, 聖人之徒也.]에 대한 것이다.[34) 公都子가 맹자에게 好
辯하는 사람이냐고 묻자, 맹자는 부득이하다는 말로 답변한다. 또 말
로 楊朱와 墨翟 등의 異端을 물리칠 수 있는 이는 성인의 무리라고 말
하는 대목에 대한 소남의 생각을 밝힌다.

　먼저 소남은 『朱子語類』 '攻乎異端章'의 글을 인용하면서[35) 呂氏의
글을 생각해볼 필요성을 제시한다. 소남은 평소 생각하기에, 하늘이
죄 있는 무리를 討伐하는 방식은 탕왕과 무왕이 병력을 동원하여 그
들을 제거하게 한 것과 같은데, 그것은 『春秋』에서 亂臣賊子를 두렵게
하는 것으로, 법을 내려 경계시키려는 것이지, 팔뚝을 걷어 올리고 力

---

32) 「論語【追錄】」: 「序說」以攝行相事·誅小正卯事, 爲定公十四年事. 「魯世家」, 則以
　　此十一年事. 此恐「序說」誤, 而「世家」爲是也. … 夫子相魯之時, 以『春秋』經文考
　　之, 其在十一二年之間, 而非十四年者, 可以推得.
33) 「論語【追錄】」: 愚以爲朱訓爲正, 而愚亦曰孔子之相魯等事, 小正卯之事, 當以聖經
　　爲主, 可矣.
34) 『孟子』, 「滕文公」: 我亦欲正人心, 息邪說, 距詖行, 放淫辭, 以承三聖者, 豈好辯
　　哉? 予不得已也. 能言距楊墨者, 聖人之徒也.
35) 『朱子語類』: 呂氏曰: 君子反經而已矣. 經正斯無邪慝, 今惡乎異端, 而以力攻之,
　　適足以自蔽而已. 說得甚好, 但添得意思多了, 不敢保是聖人之意.

爭하여 是非를 따지는 것이 아니라고 하였다. 그러고는 맹사가 능히
말로 양주와 묵적을 막을 수 있다고 한 것은 自守에 불과하고 나의
義理를 밝힌 것뿐이라고 말한다.36) 그러므로 晦菴의 垂戒를 억지로
옳다고 할 수 없다고 말한다. 주자는 사악한 말이 올바름을 해치니,
사람들이 그를 공격해도 되는데, 이는 춘추의 법에 난신적자는 사람
들이 죽여도 되고, 반드시 士師만 집행하여 죽일 수 있는 것은 아니라
고 것37)에 대한 반론인 것이다.

4. 나오는 말

성호는 반계를 계승하여 근기실학을 개창하였다. 그의 학문방법은
주지하고 있는 것처럼, 自得과 懷疑라고 할 수 있다. 先儒의 학문과
사상을 묵수하지 않고, 스스로 문제의식을 찾고 그 문제를 해결하여
자신의 것으로 만들었다는 측면에서 創新 혹은 改新의 의미가 함축되
어 있다고 하겠다. 서양과학기술과 천주학에 대한 입장이 당대 학파
에 비해 다소 유연하였으며, 주자학만을 고수하지도 않았다. 조선에
서 천학으로 불린 천주학 때문에 성호학파는 이른바 좌파와 우파, 그
리고 중도파 등으로 불리게 되었다.

성호 사후 성호학파의 어른[丈]이자 스승[師]의 역할을 했던 사람

---

36) 「孟子【追錄】」: 愚則恐孟子所謂能言距楊墨者, 不過自守, 而明吾義理而已之謂也.
然晦菴之垂戒, 不敢强是.
37) 『孟子集註』: 蓋邪說害正, 人人得而攻之, 不必聖賢, 如春秋之法, 亂臣賊子, 人人
得而討之, 不必士師也.

이 바로 소남 윤동규이다. 성호의 학문을 적통으로 계승한 소남이었지만, 그동안 소남의 이력과 학문에 대해서는 알려진 것이 그리 많지 않았다. 소남의 자료가 학계에 공유되지 못했기 때문이다. 근래 학계에서 소남 관련 학술회의가 몇몇 진행됨에 따라 그의 저술이 공개되고 연구가 시작된 것은 그나마 다행한 일이다.

소남은 先考과 선고의 유지를 받든 先妣의 뜻에 따라 科擧之學을 버리고 爲己之學을 선택한다. 곧은 절개[貞介]를 가지고 살았으며, 灑落한 성정을 지녔다. '濂洛의 胸襟과 明道의 氣象'을 가졌다는 평가가 있는 이유이다. 어려서부터 『退溪集』을 공부하였고, 퇴계에 대한 존모는 「自銘」을 遺言으로 말하는 데에서 확인할 수 있다.

성호에게 執摯한 이후 퇴계학은 물론, 성호와 성호학파 구성원의 학술에도 주요한 역할을 한다. 성호의 『사칠신편』 저술, 하빈 신후담의 비판에 의한 성호의 「중발」 저술, 그리고 소남의 辨論에 따른 성호의 『사칠신편』으로의 귀결. 公七情氣發說로의 결론은 소남의 역할이 십분 발휘된 것이다.

六經四書에 대한 經說 역시 그의 학문에서 중요한 부분을 차지한다. 聖學의 근원이 四書에 있다는 그의 생각이 이를 예증해준다. 본 논문의 문제의식 가운데 하나는 성호학파의 학문방법이 자득과 회의인데, 소남이 四書集註를 중시하고 있고, 그것을 體行하면 된다고 한 「行狀」의 글이 다소 충돌되는 것은 아닐까 하는 생각이었다. 『소남선생유집초』에 실려 있는 四書 관련 자료에 대한 연구 결과는 다음과 같다.

첫째, 소남은 회암 주희의 주석, 즉 사서집주를 존중한다. 존중한다는 것은 묵수한다는 말이 아니다. 그의 사서학은 집주를 연구하고 분석한 상태에서 자신의 판단으로 집수를 보완하거나, 회암의 생각과 다르다면 억지로 따를 수는 없는 일이라고 강변하기도 한다.

둘째, 소남은 사서집주만을 고집한 것이 아니라, 注疏本들도 참조하였다. 주희의 제자들의 주석은 물론, 사서집주에 보이지 않는 鄭玄과 董仲舒 등의 학자들이 제시한 내용도 포함되어 있기 때문이다. 또 육경의 經文을 활용하여 해석하는 방식도 보인다. 이는 성호학파의 이른바 '以經證經'의 문헌학적 방법론이 소남에게 적용되고 있다는 사실을 확인할 수 있는 부분이다.

셋째, 퇴계는 물론, 성호와 성호문도들의 학문과 사상도 포함되어 있다. 성호의 疾書類는 물론, 하빈 신후담과 정산 이병휴 등의 諸友들의 문제의식에 동의하기도 하고 반대하기도 하는 모습이 보이기 때문이다.

요컨대, 소남는 朱書와 集註를 위주로 하여 학문을 하였지만, 그것은 주자학에 대한 墨守가 아니라, 회암의 사유에 대한 문제의식을 갖고, 즉 懷疑하여 自得하려고 노력했다고 할 수 있기에, 창신의 방향성도 함께 지니고 있었던 것이다. 이처럼 회의와 자득으로 朱書와 集註를 공부한 그의 성과는 결국 行實로써 드러난 것이라고 할 수 있다. 그의 학문은 그의 실천에서 발휘된 것이다.

참고문헌

『邵南先生遺集草』

「邵南尹先生行狀草」

『順菴集』

『退溪集』

『貞山雜著』

『論語集註』

『孟子集註』

『朱子語類』

구지현, 「성호 이익과 소남 윤동규가 주고받은 서간의 양상」, 『장서각』 37, 2017.

김시업, 「소남 윤동규의 근기학파에서의 위치」, 『한국실학연구』 9, 2005.

박종천, 「소남 윤동규의 의례 생활과 예학 연구」, 『장서각』 37, 2017.

송갑준, 「성호학파의 분기와 사상적 쟁점」, 『인문논총』 13, 2000.

서근식, 「성호학파 정산 이병휴의 『대학』 해석의 의미 연구」, 『민족문화』 58, 2021.

안영상, 「고본『대학』설을 둘러싼 성호학파의 갈등 양상과 그 의미」, 『한국사상과
　　　문화』 29, 2005.

임부연, 「성호학파의 천주교 인식과 유교적 대응」, 『한국사상사학』 46, 2014.

임부연, 「신후담 『대학후설』의 새로운 성찰-이패림의 『四書朱子異同條辨』과 비
　　　교하여-」, 『종교와 문화』 31, 2016.

임형택, 「『磻溪遺稿』의 고찰-실학과 실학파문학의 원류-」, 『한국한문학연구』 38,
　　　2006.

윤재환, 「소남 윤동규의 『시경』 이해의 양상」, 『동방한문학』 77, 2018.

윤재환, 「성호학파를 통해 본 조선후기 지식 집단의 형성과 변모의 한 양상」, 『고
　　　전과 해석』 26, 2018.

정성희, 「근기실학과 반계 유형원」, 『온지논총』 50, 2017.

정인보, 「다산 선생의 생애와 업적」, 『담원국학산고』 1955.

최석기, 「정산 이병휴의 『대학』 해석과 그 의미」, 『남영학연구』 14, 2002.

최석기, 「성호학파의 『대학』 해석-성호, 정산, 다산을 중심으로」, 『한국실학연구』
        19, 2010.

함영대, 「소남 윤동규의 학술과 성호학파-저작과 교유과정을 중심으로-」, 『장서각』
        37, 2017.

소남 윤동규 문화콘텐츠 연구
- 기념사업을 중심으로 -

강진갑 역사문화콘텐츠연구원장

1. 머리말

소남 윤동규(1695~1773)는 1711년 그의 나이 17세 되는 해에 31세 나이의 성호 이익을 만나 그의 수제자가 되어 성호의 학문을 이어받은 학자이다. 소남 윤동규는 성호 이익을 만난 후 경성 용산방에서 인천 도남촌으로 이사를 하였다.

소남 윤동규는 신후담, 이병휴, 안정복과 더불어 성호 이익의 직계 제자였다. 이 들 중에서도 연장자이면서 성호 이익의 수제자였음에도 불구하고 다른 제자에 비해 학계에 별로 알려지지 않았다.

소남 윤동규에 관한 학계의 연구는 2000년 이후 본격적으로 시작되었다.[1] 2014년부터 소남 윤동규를 재평가하고 현양하려는 움직임

---

1) 소남 윤동규에 관한 연구로는 다음의 논문이 있다.

김성윤, 2001, 「18세기 畿湖南人의 洪範이해 −星湖 李瀷과 邵南 尹東奎를 중심으로」, 『朝鮮時代 史學報』 16, 朝鮮時代史學會.

강세구, 2005, 「星湖學派와 星湖門人 尹東奎」, 『實學思想研究』 28, 毋岳實學會.

김시업, 2005, 「邵南 윤동규의 근기학파에서의 위치」, 『한국실학연구』 9.

허경진, 2011, 「소남 윤동규와 인천의 성호학파」, 『황해문화』 2011년 여름호, 새얼문화재단.

이성무, 2014, 「소남 윤동규의 생애와 사상」, 『실학문화 심포지움 소남 윤동규의 학문과 인천』, 경기문화재단 실학박물관·소남선생기념사업회.

김학수, 2014, 「소남 고문서를 통해 본 소남 윤동규의 학자적 삶」, 『실학문화 심포지움 소남 윤동규의 학문과 인천』, 경기문화재단 실학박물관·소남선생기념사업회.

윤용구, 2014, 「소남 실학사상의 현대적 계승과 과제」, 『실학문화 심포지움 소남 윤동규의 학문과 인천』, 경기문화재단 실학박물관·소남선생기념사

이 시작되있다. 경기도 실학박물관과 소남기념사업회, 지역 언론에 의해서이다. 실학박물관은 실학 현양을 위해, 인천 지역사회는 윤동규를 지역의 역사적 인물로 현양하여 지역 문화 정체성을 확립하기 위해서이다.

2020년 인천 남동문화원이 윤동규 기념사업을 시작하면서 소남 윤동규 사업은 전기를 맞이하였다. 남동문화원은 소남 윤동규 관련 자

업회.

김시업, 2015, 「소남 윤동규의 근기학파에서의 위치」, 『소남 윤동규와 인천 도 림동 실학문화 심포지움』, 경기문화재단 실학박물관·소남선생기념사 업회.

김진국, 2015, 「인천 속의 도림촌, 도림촌 속의 인천」, 『소남 윤동규와 인천 도 림동 실학문화 심포지움』, 경기문화재단 실학박물관·소남선생기념사 업회.

강진갑, 2017, 「소남 윤동규 현양과 지역문화콘텐츠 개발 방향」, 『향토사연구』 27, 한국향토사연구전국연구전국연합회.

김시업, 2021, 「소남 윤동규의 학문과 사상」, 『인천의 잊혀진 실학자 소남 윤 동규의 학문과 사상』, 실학박물관·인천광역시 남동문화원.

허경진·박혜민, 2021, 「《곤여도설》의 동아시아 유통과 영향」, 『인천의 잊혀진 실학자 소남 윤동규의 학문과 사상』, 실학박물관·인천광역시 남동문 화원.

원재연, 2021, 「18~19세기 소남 공동체의 성립과 변화」, 『인천학연구원 2021 년도 하반기 학술대회, 인천의 실학자 소남 윤동규의 학문 세계』, 인 천대학교 인천학연구원·남동문화원.

구지현, 2021, 「소남이 성호에게 보낸 서간의 성격」, 『인천학연구원 2021년도 하반기 학술대회, 인천의 실학자 소남 윤동규의 학문 세계』, 인천대학 교 인천학연구원·남동문화원.

백진우, 2021, 「만사와 제문으로 본 소남 윤동규」, 『인천학연구원 2021년도 하 반기 학술대회, 인천의 실학자 소남 윤동규의 학문 세계』, 인천대학교 인천학연구원·남동문화원.

심경호, 2021, 「소남 윤동규 종가 소장본 시권에 대하여」, 『인천학연구원 2021 년도 하반기 학술대회, 인천의 실학자 소남 윤동규의 학문 세계』, 인 천대학교 인천학연구원·남동문화원.

료 정리 및 학술사업을 추진하였다. 그리고 소남 윤동규를 인천 시민에게 널리 알리기 위한 대중 사업을 시행하였다. 이를 위해 소남의 윤동규의 날 제정, 대중서 발간 등의 문화콘텐츠 사업을 기획하고 실행하였다.

이 글은 소남 윤동규를 소재로 한 문화콘텐츠를 연구한 글이다. 먼저 역사적 인물의 기념사업 사례와 문화콘텐츠 제작 방법을 살펴보고, 이어 소남 윤동규 기념사업을 분석하였다. 사업 내용과 성과 그리고 향후 과제를 살펴보았다.

소남 윤동규 기념사업은 역사적 인물의 기념사업을 추진하는데 하나의 사례가 될 것이다. 이 연구가 소남 윤동규에 대한 이해와 향후 역사적 인물을 기념하는 사업에 사례로 활용되기를 기대한다.

2. 지역의 역사적 인물 기념사업 사례와 방법

1) 지역에서 역사적 인물 기념사업을 하는 이유

지역에서 역사 인물 기념사업을 하는 이유는 첫째, 지역의 정체성을 확립하고 청소년에게 지역에 대한 자부심을 심어주기 위해서이다. 둘째 지역의 이름을 내외에 알려 지역 브랜드 가치를 높여주기 때문이다. 셋째 지역 역사 인물을 소재로 한 콘텐츠를 제작함으로써 지역 문화와 경제를 활성화하기 위해서이다. 그래서 많은 지역에서 지역의 역사 인물을 주제로 한 기념사업을 펼치고 있다.

2) 지역의 역사적 인물 기념사업 현황 및 분석[2)]

역사적 인물 기념 사업은 대체로 지방 자치단체가 중심이 되어 추진된다. 그 수는 매우 많다. 대상 인물은 역사적으로 실존한 인물이 대부분이지만 심청, 홍길동, 춘향처럼 문학 작품의 주인공도 있다. 후자도 작품의 배경이나 연고가 있다고 판단한 지역자치단체가 행사를 추진하거나 후원하고 있다.

역사적 인물을 소재로 하여 지방에서 펼쳐지는 기념사업을 살펴보면 다음 표와 같다.

지방자치단체가 주관하는 역사 인물 현양 주요 사업 목록

광역지자체	기초지자체	기념 인물	행사명	시작년도
서울특별시	중구	이순신	충무공 이순신 탄생 기념 축제	-
	용산구	남 이	남이장군 대제	1983
	강서구	허 준	의성 허준 축제	1999
부산광역시	서구	현 인	현인 가요제	2005
	사하구	윤흥신	윤흥신 장군 향사	-
		정 운	정운 장군 향사	-
대구광역시	수성구	이상화	상화 문화제	2006
광주광역시	남구	정율성	정율성 국제음악제	2005
	광산구	임방울	임방울 국악제	1997
대전광역시	대덕구	송준길	동춘당 문화제	1996
	동구	송시열	우암 문화제	1998
울산광역시	-	고복수	고복수 가요제	1991
	울주군	박제상	춘향제	-
		정대업	표절사 향산제	-

2) 본 절 내용은 강진갑·이지훈 외, 2008, 『최용신 탄생 100주년 기념사업 기본방향 연구』, 안산시·경기도향토사연구협의회, 31~36쪽 내용을 재구성한 것임.

광역지자체	기초지자체	기념 인물	행사명	시작년도
경기도	의정부시	천상병	천상병 예술제	2003
	광명시	이원익	오리 문화제	1991
	안산시	이 익	성호 문화제	1996
		김홍도	김홍도 축제	1999
	용인시	정몽주	포은 문화제	2003
	파주시	이 이	율곡 문화제	1988
	안성시	바우덕이	남사당 바우덕이 축제	2001
	화성시	홍영후	난파 동요제	1992
	여주군	세 종	세종 문화큰잔치	(1962)
	가평군	한 호	한석봉선생 전국휘호대회	2002
강원도	춘천시	김유정	김유정 문학제	2003
		유인석	의암제	1985
	강릉시	이 이	대현 율곡이이선생제	1962
	홍천군	남궁억	한서 문화제(무궁화대축제)	1979
		최승희	최승희 춤축제	2006
	영월군	김병연	김삿갓 문화큰잔치	1998
		단 종	단종 문화제	1967
	평창군	이효석	효석 문화제	1999
충청남도	아산시	이순신	성웅 이순신 축제	1961
	서산시	안 견	안견 예술제	2000
	홍성군	한용운	만해제	1995
		김좌진	김좌진장군 전승기념축제	2003
	예산군	김정희	추사 문화제	1997
		윤봉길	윤봉길 문화축제	1974
	당진군	심 훈	상록 문화제	1977
충청북도	충주시	우 륵	우륵 문화제	1971
	옥천군	정지용	지용제	1988
		조 헌	중봉 충렬제	1976
	음성군	이무영	무영제	1994
	단양군	정도전	삼봉 문화축제	2003
		온 달	온달 문화축제	1996

광역지자체	기초지자체	기념 인물	행사명	시작년도
경상남도	마산시	이은상	노산 추모 가곡의 밤	1984
	진주시	논 개	진주 논개제	2002
	진해시	김달진	김달진 문학제	1996
	통영시	윤이상	통영국제음악제	2002
	의령군	곽재우	의병제전	1973
	하동군	박경리	토지문학제	2001
	산청군	조 식	남명 선비문화축제	2001
경상북도	영천시	최무선	최무선 과학축제	1995
	영덕군	이 색	목은 문화제	2003
	칠곡군	구 상	구상 예술제	2004
	울릉군	손규상	회당 문화축제	2001
전라남도	곡성군	심 청	심청 효문화축제	2001
	강진군	정약용	다산제	2001
		김윤식	영랑 문학제	2006
	해남군	초의선사	초의 문화제	1992
	영암군	왕 인	왕인 문화축제	1997
	장성군	홍길동	홍길동 축제	1999
	완도군	장보고	장보고 축제	1998
		윤선도	윤선도 문화축제	2001
전라북도	남원시	성춘향	춘향제	(1931)
		연흥부	흥부제	1993
	장수군	주논개	의암 주논개 대축제	(1965)
제주특별자치도	서귀포시	이중섭	이중섭 예술제	1998

비고: 강진갑·이지훈 외, 2008, 『최용신 탄생 100주년 기념사업 기본방향 연구』, 안산시·경기도향토사연구협의회, 31-32쪽의 표를 재구성.

위 표에 수록한 기념사업은 내용에 따라 크게 1유형: 제사 및 추모제 중심 유형, 2 유형: 인물의 업적 관련 행사 유형, 3 유형: 공동체 축제 유형으로 나눌 수 있다.

제1 유형은 주로 근대 이전 역사 인물들이 많다. 박제상, 남이, 윤흥신, 조헌 등의 경우이며 향사(享祀) 또는 대제(大祭), 향산제(香山祭) 등을 주 행사로 한다. 곽재우 의병제전이나 삼봉(정도전) 문화축제 등에서 보듯이 일반적 축제와 결합하여 진행하는 것도 꽤 많다.

제2 유형은 역사 인물의 업적과 관련한 시상대회를 개최하는 경우이다. 예술가들을 기념하는 경우 많이 나타나는 사례이다. 문학가는 백일장, 서예가는 휘호 대회, 가수는 가요제 등의 형태로 진행된다. 강진의 영랑문학제, 가평의 한석봉선생 전국 휘호 대회, 울산의 고복수가요제, 서귀포의 이중섭 예술제 등이 있다.

제3 유형은 고장을 대표하는 인물의 이름만 따온 지역민 축제의 경우이다. 용인의 포은문화제 등이 여기에 해당한다. 이 경우도 해당 역사적 인물에 대한 현양이 주요 행사로 포함되어 있다. 군민의 날 행사와 결합하거나 아예 통합하여 치르는 지역도 있다.

이 밖에 문학 작품 속의 캐릭터나 배경을 십분 활용하는 것도 있다. 홍길동, 흥부 등 고전소설의 주인공을 내세우거나, 김유정과 이효석 등 지역을 소재로 한 작품을 쓴 문학가 경우도 있다. 평창의 효석문화제는 지역 활성화에 크게 기여하고 있다. 평창은 이효석 작품에 나오는 메밀이 지역 경제 활성화의 주요 자원이 되고 있다.

다음으로 인물의 성격에 따라 분류하면 제1 유형 학자, 제2 유형 무인(장군), 제3 유형 예술가, 제4 유형 독립운동가, 제5 유형 기타 귀감이 되는 인물로 구분할 수 있다.

제1 유형은 주로 고려나 조선의 유명한 학자(사대부선비)들이다. 정몽주, 이이, 이익, 정약용, 과학자 최무선 등이 있다. 제2 유형은 이순신을 비롯한 조선조 임진왜란과 병자호란 당시의 전쟁 영웅이 대부분이나. 고대의 온달(고구려)과 장보고(통일신라)도 있다. 제3 유형은 문학가, 미술가, 음악가, 서예가 등이다. 가장 많은 사례이다. 신라 때의 악사 우륵, 방랑시인 김삿갓(김병연), 남사당패 바우덕이, 정지용·이효석 등 현대 문학가, 음악가 윤이상, 가수 현인에 이르기까지 다양하다. 전근대보다 근현대 인물이 다수인데 이는 근현대 인물의 예술작품이 현재까지 많은 공감을 얻고 있기 때문이다. 제4 유형은 유인석, 한용운, 김좌진, 윤봉길 등이 해당한다. 제5 유형은 세종과 단종 같은 왕, 충절의 상징 논개, 소설 속의 인물인 홍길동, 춘향, 흥부, 심청 등이 해당한다.

특정 인물은 2개 지역 이상에서 기념 사업을 추진하고 있다. 이이는 파주와 강릉, 이순신은 서울과 아산, 논개는 장수와 진주 등에서 추진하고 있는데 이는 이 인물들이 두 지역 이상과 연고가 있기 때문이다. 이처럼 각 지방 자치단체는 지역의 역사 인물을 경쟁적으로 선정하여 기념사업을 추진하고 있다.

사업의 주체는 지방 자치단체가 직접 주최하는 예도 있지만, 대체로 지역 문화원이나 추진위원회 같은 조직이 주최하고 지방 자치단체는 주관이나 후원을 담당하는 형식을 취하고 있다. 그러나 소요 예산 대부분은 지방 자치단체가 지원하고 있다.

그런데 지역에서 주관하는 기념사업은 행사성의 성격을 지니는 경우가 많다. 그래서 지속 가능성 있는 지역 인물 현양 사업이 되기 위해서는 새로운 형태의 문화콘텐츠 개발이 필요하다.

3) 지역의 역사 인물 문화콘텐츠 제작 형태

지역의 역사 인물을 일과성이 아닌, 지속해서 기념하고 현양하기 위해서 다양한 형태의 문화콘텐츠가 제작되어야 한다. 문화콘텐츠 제작 주체로는 지방 자치단체, 지방문화원만이 아니라 언론사, 기업, 예술가, 교육 기관 등이 있다. 여러 주체가 공공의 자금으로 또는 시장을 대상으로 콘텐츠를 생산할 수 있다. 제작되는 문화콘텐츠 형태는 다음과 같다.

첫째, 학술사업이다. 역사적 인물에 대한 자료 조사 및 학술서 발간, 학술행사 개최 등이 있다.

둘째, 교육, 관광콘텐츠이다. 여기에는 학교 교육, 시민 강좌, 박물관 문화교육, 역사 인물을 테마로 한 탐방 여행, 역사 인물 유적지 관광사업 등이 있다.

셋째, 지역 축제이다. 지역 축제의 사례는 앞의 표에서 제시하는 바와 같다. 또는 기념일을 제정하는 것이 있다.

넷째, 문화공간 콘텐츠이다. 기념관이 있다. 이순신 기념관, 윤봉길 의사 기념관을 포함하여 역사적 인물을 주제로 하는 기념관은 다수 있다. 특정한 공간의 명칭으로 역사적 인물 이름을 붙이는 방법도 있다. 공원이나 거리 등을 특정 인물의 이름으로 명명하는 것이다. 수원 광교신도시 내 공원은 실학자의 이름을 공원 명칭으로 사용하고 있다. 다산 공원, 연암공원이 그 예이다.[3] 그리고 주제가 있는 길을 조성하는 방안도 있다. 역사적 인물과 관련된 길을 새롭게 조성할 수도

---

3) 강진갑 외, 2011, 『광교신도시 마을 및 시설 명칭 부여 연구』, 경기도시공사·한국외국어대학교 글로벌문화콘텐츠연구센터.

로 있고, 기존의 길에 특정 인물의 명칭을 부여할 수 있다. 수원시에 있는 축구 선수 박지성 거리가 그 사례이다.

다섯째, 창작콘텐츠이다. 창작 소재로 활용할 수 있는 분야는 문학, 공연, 시각, 영화, 애니메이션, 영상물, 게임 등이다. 역사적 인물을 소재로 하는 창작물은 매우 많다. 이순신과 정조, 정약용의 경우 드라마와 영화의 단골 소재이다. 지역에서는 지역 인물을 공연물로 만들어 제작하기도 한다. 2014년 용인에서는 삼성전자의 지원을 받아 '포은의 노래'라는 정몽주 소재 뮤지컬을 제작하여 공연한 바 있다. 삼국사기에 나오는 도미 부인 이야기가 하남시 등 도미 부인 연고권을 주장하는 자치단체에서 뮤지컬로 창작되었다.

여섯째, 문화상품이다. 캐릭터로 제작하거나 기념품을 만들어 판매하는 경우이다.

일곱째, 디지털 콘텐츠이다. 디지털 콘텐츠는 IT 기술을 사용하여 자원을 디지털 포맷으로 가공하여 디지털 매체 등을 통해 활용할 수 있도록 제작된 콘텐츠이다,

4) 지역의 역사적 인물 기념 방법

지금까지 역사 인물을 발굴하고 기념하는 사업 상당수는 열정만을 가지고 비체계적으로 추진되고 있다. 그래서 역사 인물을 현양하는 사업이 시민의 호응을 받지 못해서 유명무실해지는 경우가 많다.

역사 인물을 현양, 기념하는 일은 크게 세 단계로 나누어 이루어져야 한다. 1단계 역사적 인물 발굴, 2단계 역사적 인물 연구 심화 및 콘텐츠 제작, 3단계 시민이 중심이 되어 역사 인물 기념사업을 하는

단계이다.

가. 1단계: 역사적 인물 발굴 단계

과거에 살았던 특정한 인물을 역사적 인물로 발굴하는 단계이다. 발굴 주역은 문중, 관련 분야 종사자, 역사학자, 자치단체 등 다양하다.

지역의 역사적 인물 기념사업은 해당 지역 시민이 해당 인물에 대해 기념할만한 인물이라는 동의가 선행되어야 한다. 문중 단위에서 단독으로 추진하는 경우는 문중의 동의만 받으면 되지만 자치단체나 시민행사로 추진할 경우 시민의 동의는 필수적이다.

이를 위해서는 해당 인물에 대한 조사와 연구가 선행되고 이를 바탕으로 해당 인물이 역사적으로 현양할만한 인물이라는 것이 제시되어야 한다. 기초적인 조사와 연구가 부실하면 시민의 동의를 얻기도 어렵지만, 자료가 부족하여 콘텐츠 제작도 부실해진다.

발굴된 인물에 대해 사회로부터 역사적 인물로 평가 받지 못할 경우 해당 인물에 대한 기념사업은 문중 사업으로만 머물거나 소멸할 가능성이 크다. 그러나 발굴된 인물에 대한 사회적 평가가 긍정적으로 이루어지면 기념사업은 다음 단계로 진화된다.

나. 2단계: 역사적 인물 연구 심화 및 콘텐츠 제작 단계

발굴된 지역의 역사적 인물에 대해 사회적 평가가 긍정적으로 이루어지고, 해당 인물에 대해 학계와 지역 사회의 관심이 높아지는 단계이다. 학계 관심이 높아지면 연구자들에 의해 인물에 대한 깊이 있는 연구가 이루어진다.

이 단계에서는 지역 사회의 요구로, 또 지역 사회에 인물을 널리 알리기 위해 인물을 소재로 하는 문화콘텐츠가 제작된다. 이 단계에서 중요한 것은 역사적 인물에 대해 시대에 맞는 키워드를 중심으로 하는 스토리를 구성하는 일이다. 그리고 교육, 관광, 예술창작, 영상, 기념 공간 조성, 문화상품 제작, 언론매체 활용 등 다양한 형태의 문화콘텐츠를 제작하여 시민에게 역사적 인물을 알리는 단계이다.

이 단계에서 시민의 동의와 관심, 지지가 있으면 해당 인물은 지역 사회의 상징적인 인물이 될 수 있다. 지역 사회의 상징적 인물이 되면 기념사업은 활발하게 추진되고, 지방 자치단체가 해당 역사적 인물에 대한 기념사업을 주관하거나, 또는 후원하게 된다.

다. 3단계: 시민이 중심이 되어 역사 인물 기념사업을 하는 단계

기념사업이 성공하여 시민이 기념사업을 함께 하는 단계이다. 이 단계가 되면 해당하는 역사적 인물에 대한 시민의 긍정적인 평가가 이루어졌기에 중앙 및 지방 정부 기관은 물론, 교육 기관, 문화예술인들 다양한 주체들이 역사적 인물을 널리 알리기 위한 사업에 참여한다. 해당 역사적 인물 소재로 하는 문학 작품, 평전 등이 만들어져서 독서 시장에서 시민에 의해 구매되고, 공연 작품이 만들어져 공연 시장에 등장하는 단계이기도 하다.

이 단계가 되면 해당 역사적 인물의 기념사업과 문화콘텐츠 제작은 공공의 자금에만 의존하는 단계를 넘어선다. 시장 수요에 응하기 위해 개인, 기업, 또는 기부금에 의해 문화콘텐츠가 제작되어 시장에 공급된다. 역사적 인물인 정약용, 이순신, 세종 등을 소재로 하는 영화, 예술작품이 그 예이다.

시민의 동의를 얻지 못한 역사적 인물은 3단계에 진입하지 못하고

2단계에 머무르게 된다.

3. 소남 윤동규 재평가와 스토리 발굴

1) 역사적으로 저평가된 소남 윤동규

소남 윤동규(1695~1773)의 본관은 파평(坡平)이고, 자는 유장(幼章)이다. 고려시대 명장 윤관(尹瓘)의 후손으로, 아버지는 생원 윤취망(尹就望)이며, 어머니는 통덕랑 이성(李晟)의 딸이다. 어려서부터 똑똑하여 주흥사(周興嗣)의 『천자문』을 외워 읽되 한 글자도 틀림이 없었다. 9세에 아버지를 여의고, 어머니 이씨(李氏)의 교육을 받았다.[4]

1711년 17세 되는 해에 31세의 나이의 성호 이익을 만나 그의 첫 번째 제자가 되었으며, 이후 이익이 사망할 때까지 이익의 문인으로 있었으며, 그의 수제자가 되었다. 윤동규도 처음에는 과거에 응시하기 위해 공부를 하였으나 남인의 처지로 급제하기가 어렵다고 판단하여 과거를 포기하고 도학에만 열중하였다. 윤동규는 지조가 굳고 견해가 분명하였다. 그래서 이익은 윤동규를 보고 "나의 도(道)가 의탁할 곳이 있다."라며 좋아하였다.[5]

윤동규는 이익을 만난 후 경성 용산방에서 인천 도남촌으로 이사하였다. 윤동규는 이때부터 호를 소남촌인(邵南村人) 또는 소남(邵

---

4) 「소남 선생 윤공 행장 邵南先生尹公行狀」, 『순암선생문집』 제26권.
5) 이성무, 앞의 글, 7~8쪽.

南)이라 하였는데, 인천의 옛 이름인 소성(邵城)과 그가 사는 곳의 지명인 도남촌(道南村)에서 한자씩 따서 지은 것이다. 윤동규는 도남촌, 지금의 인천광역시 남동구 도림동에 거주하면서, 얼마 떨어지지 않은 지금의 안산에 거주하고 있던 성호 이익을 자주 찾아가서 학문에 정진하였다. 벼슬에 관심이 없어지다 보니 책을 읽고 공부하는 것 외에 다른 즐거움이 없었다.6)

이익은 윤동규를 포함하여 신후담, 이병휴, 안정복 등의 직계 제자를 두었으나, 학통을 윤동규에게 물려주었다. 그리고 이익 사후 이병휴 등 성호의 문인들도 윤동규를 종주(宗主)로 모셨다. 윤동규는 성호 이익의 수제자였음에도 불구하고 이익의 다른 직계 제자인 신후담, 이병휴, 안정복 등에 비해 후대에 잘 알려지지 않았다. 그 이유는 소남 윤동규의 문집이 간행되지 못했고 그의 학통을 이을 뚜렷한 후학이 없었던 점,7) 성호 이익 사후 성호 문인들이 윤동규를 종주로 모셨으나 스스로 종주로 자임하지 않고 그 역할을 안정복과 이병휴에게 양보하면서 후배 문인들이 이병휴에게 쏠리게 된 점,8) 성호 사후 성호 학파 본거지가 이병휴가 살던 충청도 예산으로 옮겨진 후 윤동규와 기존 성호 문인들과 사이가 교류가 별로 없었던 점 등을 들 수 있다.9) 실학자의 후학이면서 실학과 관련된 뚜렷한 저술이 없었던 점도 그가 후대의 관심을 끌지 못한 이유가 된다.

실학자 성호 이익의 수제자이면서 학계의 주목을 받지 못하다가

---

6) 허경진, 앞의 글, 270쪽.
7) 이성무, 앞의 글, 1쪽.
8) 이성무, 위의 글, 16쪽.
9) 강세구, 앞의 글, 78쪽.

2000년대 이후부터 연구가 본격적으로 시작되었고, 인천 남동문화원과 실학박물관 등이 중심이 되어 인천 지역의 역사 인물로 평가하고 기념하는 사업이 본격적으로 추진되고 있다.[10]

2) 소남 윤동규 스토리 발굴

역사적 인물 기념사업 추진과 문화콘텐츠 개발에 중요한 것은 인물에 대한 스토리 발굴, 구성이다. 기념사업은 시민을 대상으로 하는 사업이다. 현재의 관점에서 시민의 눈높이에 맞추어 시민이 받아들이고 이해할 수 있는 콘텐츠가 제작되어야 한다. 이를 위해서는 스토리가 바탕이 된 콘텐츠여야 한다. 그래야 제작된 문화콘텐츠가 사장되지 않고 주민의 사랑을 받을 수 있다. 스토리의 소재는 해당 역사적 인물의 생애와 활동, 업적에서 발굴할 수 있다.

윤동규의 생애와 업적에서 발굴할 수 있는 스토리와 키워드는 첫째, 성호 이익의 수제자, 둘째 서양 학문에 대한 개방적이고 수용적인 자세, 셋째, 공부하는 태도와 방법 등을 우선 꼽을 수 있다.

첫째 이야기인 성호 이익의 수제자로서 윤동규 모습은 성호의 첫 번째 제자가 되면서 시작된다. 윤동규와 성호 이익의 만남은 두 사람 모두에게 기쁨과 변화를 주었다. 순암 안정복이 작성한 소남 윤동규의 행장에 다음과 같이 표현되어 있다.

---

10) 윤동규에 대해 인천 지역의 역사 인물로 주목하고 현양하는 문제가 본격적으로 논의된 것은 2014년 경기문화재단 실학박물관과 소 남선생기념 사업회가 공동으로 '소남 윤동규의 학문과 인천'을 주제로 실학 문화 심포지엄을 개최하면서부터이다. 이 심포지엄에서 윤동규 현양 문제가 논의되었다.

(윤동규)선생이 제일 먼저 그분(성호 이익)에게 학문을 배웠으니, 바로 선생의 나이가 17세 때인 신묘년(1711, 숙종 37)이었다. 이 (익) 선생이 (윤동규)선생의 지조가 견실하고 견해가 명석한 것을 사랑하여 말하기를, "우리의 도가 의탁할 곳이 있게 되었다."고 하였다.
　(윤동규)선생은 처음에 과거 공부를 하였으나 곧 그만두고 한결같이 학문에만 뜻을 두었다. 그리하여 경성(京城)의 용산방(龍山坊)에서 소성(邵城)의 도남촌(道南村)으로 이주해서 날마다 책을 읽고 이치를 궁구하면서 세간에 다시 어떤 즐거움이 있는지를 몰랐다.11)

윤동규는 이익을 만난 후 스승과 가까워지기 위해 용산에서 인천으로 이사를 하고 즐겁게 학문을 하였다. 이익도 그가 도를 의탁할만한 제자를 만난 것이다. 두 사람 모두에게 서로의 만남은 매우 의미 있는 만남이었다.
　성호 학파가 형성되는 동안 윤동규는 스승 이익으로부터 인정받았다. 성호 이익은 윤동규에 대해 다음과 같이 평가하였다.

　윤모는 한 번 보고서 환히 알고 그 취지를 설명하였으니 지금 시대에 이치를 연구하는 학문을 하는 사람 중에 그보다 앞서는 사람이 없다.12)

성호 이익은 윤동규를 수제자로 삼았고 윤동규는 성호 이익을 성심으로 모셨다. 윤동규가 스승이 위독할 때 옆에서 병간호한 헌신적인 모습은 안정복에게 큰 감동을 주었다.

---

11) 「소남 선생 윤공 행장 邵南先生尹公行狀」.
12) 위의 글.

그리고 사문(師門)을 섬기는 데는 마치 효자가 부모를 섬기는 것처럼 하였다. 신미년(1751, 영조 27) 가을에 이(익) 선생의 병이 위독할 때 내가 가서 뵈었더니, 당시 (윤동규)선생이 시병(侍病)하고 있었는데, 약제를 올리는 일을 직접 보살폈고 심지어 코나 가래와 대소변을 받아낼 무렵에도 자신이 직접 부축하며 공경과 정성을 다하였고 밤새도록 의복을 벗지 않은 채 시병한 지가 여러 날이었는데도 조금도 태만한 뜻을 보이지 않았다. 이에 나는 (윤동규)선생의 성의가 타고난 천성에서 나온 것임을 더욱 알게 되었고 또한 스승과 어른을 섬기는 도리를 알게 되었다.[13]

스승으로부터 정식으로 학통을 이어받았고, 성호 사후 동료 제자들로부터 종장으로 추대받고도 결국 성호 학파에서 멀어진 비극적인 학자가 윤동규의 첫 번째 스토리가 될 수 있을 것이다. 윤동규는 열정, 헌신, 즐거움, 소외, 비극 등 인간이 겪을 수 있는 모든 극적인 요소를 다 겪으며 살았다.

둘째 서양 학문에 대한 개방적인 자세이다. 윤동규의 서양 학문에 대한 개방적인 자세는 성호 이익이 서양 학문에 수용적인 입장을 가진 것에 영향을 받은 것이다.[14] 윤동규는 천문 관측 같은 과학기술 분야나 지도 제작 등에서는 서양 학문이 동양보다 앞섰다는 것을 인정하였다.[15] 1757년 1월 13일 윤동규가 안정복에게 보낸 편지를 보면, 사양 선교사 마테오리치 등이 주장한 서양의 밀물과 썰물 및 기후에 대한 학설, 세차(歲差)와 십이중천도(十二重天圖)에 대해 논하

13) 위의 글.
14) 강진갑, 「강진갑 칼럼, 인천이 잊어버린 실학자 윤동규」, 『인천일보』 2015. 7. 17.
15) 강세구, 앞의 글, 68쪽.

고 있다. 이 편시에는 새로운 학설에 대한 맹목석 배격보다는 서양 자연과학에 대해 학문적 접근을 해 나갔던 윤동규와 성호 이익 제자들의 학풍이 잘 나타나 있다. 윤동규는 역법(曆法), 의방(醫方), 운수(運數), 산수(算數)에 대해서도 연구하였다.16) 성호 이익과 소남 윤동규가 18세기 조선 사회에 살면서 서양의 과학에 대해 개방적이고 수용적인 태도를 지닌 것은 한국사에서 높이 평가받아야 할 역사적 사건이다.

개항 이후 조선이 일본의 식민지가 된 것은 개항 이전에 양국 간의 과학기술 격차도 원인의 하나이다. 개항 전 일본은 서양 과학기술을 받아들였는데, 조선은 이를 받아들이지 못해서 벌어진 격차이다. 그래서 성호 이익의 서양 학문에 대한 개방적인 자세와 이를 이은 윤동규의 서양 학문에 대한 개방적이고 수용적인 자세는 18세기 한국 사회가 나아가야 할 방향을 제시한 것이라 볼 수 있다. 물론 성호와 윤동규가 서학에 대해서는 비판적이었다는 한계는 분명 지니고 있으나, 19세기 후반 서로 다른 역사적 행로를 밟아 나갔던 동아시아 3국, 즉 중국과 일본도 조선과 마찬가지로 천주교를 탄압하였으니 성호와 소남 윤동규의 서학에 대한 비판적인 태도는 당 시대로서는 어느 정도 이해가 될 수 있는 부분으로 볼 수 있다. 윤동규의 서양 학문에 대한 개방적인 태도는 높이 평가받을 수 있는 부분이기에 스토리를 찾아 의미 있는 스토리 구성이 가능한 부분이다.

셋째, 윤동규의 공부하는 태도와 방법이다. 윤동규의 학문에 대한 열정은 어렸을 때부터 나타났다.

---

16) 「소남 선생 윤공 행장 邵南先生尹公行狀」.

(윤동규는) 어릴 때 뛰어나게 총명하여 범상하지 않았다. 겨우 말을 배울 무렵에 주흥사(周興嗣)의 『천자문 千字文』을 배웠는데, 세로나 가로로 외워도 한 자도 틀리지 않았다. 9세 때에 선고를 여의었는데, 이 부인(李夫人)이 올바른 도리로 가르치고 길러 몇 해가 지나지 않아 문리(文理)가 갑자기 진취되었다. 일찍이 종조부의 집에서 『퇴계집(退溪集)』을 보고 매우 좋아하여 여러 번 읽어보며 차마 손에서 놓지 못하자 종조부가 기이하게 여겨 드디어는 원질(原帙)을 주었으니, 학문의 기초가 어렸을 때 벌써 정해졌던 것이다.[17]

라고 하여 어릴 때부터 총명하고 공부에 열정이 많았음이 기술되어 있다.

윤동규는 자득(自得)의 학문 방법을 중시하였다. 자득은 경전을 일상생활에서 몸소 실천하여 터득하는 학문 방법으로 성호 학문에서 특히 강조된다.[18] 독서는 무조건 암송하는 것이 아니라 본의를 찾는 것이 중요하다. 그리고 읽은 것은 실천해야 한다고 하였다.[19]

또한 독서할 때의 자세에 대해 다음과 같은 자세를 가져야 한다고 말하였다.

사람들에게 독서하는 법에 대해서 말하기를, "익숙히 읽고 세밀히 완미하여 본뜻을 알려고 힘써야 한다. 이리저리 읽어 나갈 때 의심나는 데가 없을 수 없을 터이니, 의심나는 것은 수록하여 자신의 학문의 진도를 점쳐 보아야 한다."[20]

---

17) 앞의 글.
18) 강세구, 앞의 글, 64쪽.
19) 강세구, 위의 글, 63쪽.

하여 독서할 때 의문을 많이 가지라고 하였다.

조선 사회는 지식 국가 사회이다. 오늘날 한국 사회의 높은 교육열
은 조선시대에 영향받은 바가 크다. 오늘날 교육의 문제점이 드러나
고 있으나 교육 입국으로서의 위상까지 흔들리는 것은 아니다. 21세
기 한국 사회는 여전히 교육에 큰 비중을 두고 있다. 그러므로 윤동
규의 공부하는 방법과 자세는 우리 시대 사람들에게 충분히 귀감이
되고 감동을 주는 이야기거리가 된다.

특히 그는 평생 도학을 중시하였는데, 그의 일상에서 선비로서의
면모가 많이 드러난다. 근래 들어 한국 사회가 다시 선비를 갈구하고
있다. 한국인의 선비에 대한 여론 조사가 결과가 2014년 2월 『중앙일
보』에 발표되었다. 선비에 대해 부정적 인식을 하고 있을 것이라는
예상과 달리 한국인 75%가 선비정신이 중요하다는 조사 결과가 나왔
다. 조선시대 유교 사회를 이끈 선비를 좋게 보고 우리의 중요한 정
신적 자산으로 평가하고 있는 것이다. 선비 정신을 긍정적으로 평가
한 응답자의 55.1%는 그 이유로 선비의 '인격 수양'을 23.7%는 '청렴'
을 들었다. 한국 사회가 선비정신의 영향을 받고 있느냐는 질문에 대
해서는 '있다'와 '없다'가 각각 41.55와 45.7%로 비슷하게 나타났다.[21]
선비정신을 긍정적으로 이해하고 우리 사회에 필요한 가치관으로 보
는 것은 주목할 만하다. 한국인들이 선비에 대한 인식이 변하고 있음
을 보여주는 증거이다. 선비가 다시 우리 시대 정신으로 주목받고 있
다. 윤동규의 일상은 선비의 모습을 많이 드러내고 있다. 이 부분도
흥미로운 스토리 구성이 가능하다.[22]

---

20) 「소남 선생 윤공 행장 邵南先生尹公行狀」, 『순암선생문집』 제26권.
21) 「국민 75% 선비정신 중요」, 『중앙일보』 2014. 2. 23.

4. 소남 윤동규 기념사업 현황

1) 1단계: 역사적 인물로서의 소남 윤동규 발굴

소남 윤동규는 성호 이익의 수제자이면서 학계에 거의 알려지지 않았다가 2000년대에 들어 역사의 무대에 등장하였다. 2000년대 초부터 2010년대까지 김성윤, 김시업, 강세구, 이성무, 윤용구, 김진국, 강진갑 등에 의해 소남 윤동규에 관한 연구가 이루어졌다.[23] 이 연구를

---

22) 강진갑, 2014, 「유교의 현대적 재해석과 향교·서원의 활성화 방안」, 『향교·서원과 용인사람들』, 도서출판 선인, 25쪽

23) 소남 윤동규에 관한 연구로는 다음의 논문이 있다.

　김성윤, 2001, 「18세기 畿湖南人의 洪範이해 -星湖 李瀷과 邵南 尹東奎를 중심으로」, 『朝鮮時代　史學報』16, 朝鮮時代史學會.

　강세구, 2005, 「星湖學派와 星湖門人 尹東奎」, 『實學思想研究』 28, 毋岳實學會.

　김시업, 2005, 「邵南 윤동규의 근기학파에서의 위치」, 『한국실학연구』 9.

　허경진, 2011, 「소남 윤동규와 인천의 성호학파」, 『황해문화』 2011년 여름호, 새얼문화재단.

　이성무, 2014, 「소남 윤동규의 생애와 사상」, 『실학문화 심포지움 소남 윤동규의 학문과 인천』, 경기문화재단 실학박물관·소남선생기념사업회.

　김학수, 2014, 「소남 고문서를 통해 본 소남 윤동규의 학자적 삶」, 『실학문화 심포지움 소남 윤동규의 학문과 인천』, 경기문화재단 실학박물관·소남선생기념사업회.

　윤용구, 2014, 「소남 실학사상의 현대적 계승과 과제」, 『실학문화 심포지움 소남 윤동규의 학문과 인천』, 경기문화재단 실학박물관·소남선생기념사업회.

　김시업, 2015, 「소남 윤동규의 근기학파에서의 위치」, 『소남 윤동규와 인천 도림동 실학문화 심포지움』, 경기문화재단 실학박물관·소남선생기념사업회.

　김진국, 2015, 「인천 속의 도림촌, 도림촌 속의 인천」, 『소남 윤동규와 인천 도림동 실학문화 심포지움』, 경기문화재단 실학박물관·소남선생기념사업회.

통해 소남 윤동규는 싱호 이익의 수제자이면서 역사적으로 저평가된
것이 확인되었다.

이 시기 기념 사업의 주체는 소남선생기념사업회이다. 소남선생기
념사업회는 실학박물관과 공동으로 2014년 '소남 윤동규의 학문과 인
천'을 주제로, 2015년 '소남 윤동규와 인천 도림동'을 주제로 실학문
화 심포지움을 개최하였다.

소남 윤동규가 역사적으로 잘 알려지지 않은 것은 그가 문집을 포
함하여 다수의 자료를 남겼는데, 이에 대한 정리와 연구가 이루어지
지 않은 것이 중요한 이유의 하나이다. 소남 윤동규 연구의 진전을
위해서는 그와 관련된 자료의 체계적인 정리와 간행이 필요하였는데,
이 시기 기본적인 사료의 정리 발간이 이루어졌다.

2006년 성균관대학교 대동문화연구원에 의해 『소남유고 邵南遺稿』
가 간행되었다. 앞서 2005년 소남의 9대손인 종손 윤형진이 종가에
전해지던 고문서 1천여 점과 서책 및 다양한 유물 318점을 인천광역
시립박물관에 기탁하였다. 자료가 인천광역시립박물관에 기탁된 것
은 그가 인천의 인물로 평가받기 때문이다. 인천 지역 사학계에서는
"도림동 윤동규는 기호학파의 대종을 이룬 성호 학맥의 종장으로서
그 학문적 명성을 떨쳤기도 하였다. (중략) 인천 지역의 학문과 문화
를 지켜온 주역"[24]으로 평가하였다. 인천광역시립박물관은 2009년
『소남 윤동규가 소장 간찰』 해제 자료집을 발간하였다.

그러나 인천광역시립박물관에서 기탁된 자료에 대한 박물관의 조

강진갑, 2017, 「소남 윤동규 현양과 지역문화콘텐츠 개발 방향」, 『향토사연구』
　　　27, 한국향토사연구전국연구전국연합회.
24) 윤용구, 앞의 글, 96쪽.

사와 연구가 기대에 미치지 못하자, 종손 윤형진은 박물관에 기탁된 자료를 보존 시설과 연구 인력이 충분한 한국학 중앙연구원으로 이관 기탁하였다.[25] 2012년 한국학중앙연구원이 기탁받은 자료 중 서간을 영인하여 『소남 윤동규 서간 邵南 尹東奎 書簡』을 발간하였다. 이 자료집은 초서체를 그대로 영인하여 발간한 것이다. 이외 여강출판사가 발간한 전자책 『한국역학대계』에도 「소남선생문집」 일부가 수록되어 있다.

이처럼 1단계 소남 윤동규 기념사업은 자료집 발간과 학술 연구 중심으로 이루어졌다. 그리고 소남 윤동규에 대해 학계와 지역 언론인에 의해 긍정적인 평가가 이루어지면서 윤동규 기념사업은 2단계로 진화될 수 있었다.[26]

2) 2단계 소남 윤동규에 대한 연구 심화 및 콘텐츠 제작 단계

2020년부터 소남 윤동규 기념사업은 인천 남동문화원(원장 신홍순)이 주관하면서 새로운 국면에 접어들었다. 남동문화원은 기념사업을 추진하면서 학술 연구와 더불어 다양한 문화콘텐츠도 함께 하였다. 기념사업에서 해당 역사문학 인물에 대한 시민의 이해도를 높이기 위해 대중 사업을 펼치는 것이 필수적이기 때문이다.

인천 남동문화원은 기념사업 주체 형성을 위해 2021년 소남기념사

---

25) 허경진, 앞의 글, 290~291쪽.
26) 2015년 '소남 윤동규와 인천 도림동 실학문화 심포지움'에서 논문 「인천 속의 도림촌, 도림촌 속의 인천」을 발표한 김진국은 발표 당시 직책이 인천신문 논설실장이었다.

입회 준비위원회를 구성하여 기념사업회 재구성에 착수하였다. 이어 소남학회를 결성하였다. 소남학회 회장에는 허경진 연세대 명예교수, 이사장에 신홍순 남동문화원장, 『소남연구』 편집위원장에는 고려대학교 심경호 교수가 선임되었다.[27]

남동문화원은 역점 사업으로 『소남선생문집』 발간 및 소남 종가 소장 유물 해제 작업에 착수하였다. 대상 목록은 소남선생문집 13권, 차의, 만사·제문, 시권, 명문·소지지·분재기, 간찰, 필사본 동몽수지와 곤여도설 등이다. 한국학중앙연구원에 기탁된 이들 자료를 촬영하고 디지털 변혼 작업도 동시에 추진하였다.

학술회의도 개최하였다. 2021년 '인천의 잊혀진 실학자 소남 윤동규의 학문과 사상'을 주제로 실학박물관과, '인천의 실학자 소남 윤동규의 학문 세계'를 주제로 인천대학교 인천학연구원과 공동으로 학술회의를 개최하였다.[28]

---

27) 남동문화원, 「인천문화원 내 부문서, 소남 윤동규 선생 사업 경과보고, 사업 진행 과정과 향후 전망」, 2021.

28) 김시업, 2021, 「소남 윤동규의 학문과 사상」, 『인천의 잊혀진 실학자 소남 윤동규의 학문과 사상』, 실학박물관·인천광역시 남동문화원.

허경진·박혜민, 2021, 「《곤여도설》의 동아시아 유통과 영향」, 『인천의 잊혀진 실학자 소남 윤동규 의 학문과 사상』, 실학박물관·인천광역시 남동문화원.

허재연, 2021, 「18~19세기 소남 공동체의 성립과 변화」, 『인천학연구원 2021년도 하반기 학술대회, 인천의 실학자 소남 윤동규의 학문 세계』, 인천대학교 인천학연구원·남동문화원.

구지현, 2021, 「소남이 성호에게 보낸 서간의 성격」, 『인천학연구원 2021년도 하반기 학술대회, 인천의 실학자 소남 윤동규의 학문 세계』, 인천대학교 인천학연구원·남동문화원.

백진우, 2021, 「만사와 제문으로 본 소남 윤동규」, 『인천학연구원 2021년도 하반기 학술대회, 인천의 실학자 소남 윤동규의 학문 세계』, 인천대학교 대표적인 대중화사업으로 '소남 윤동규의 날'을 제정하였다. 기념일의 제정은 타 지역 역사적 인물 기념 사업에서 흔한 일은 아니기에, 주목할만한 아이디어이다. 2020년 12월 30일 남동소래아트홀 소공연장에서 제1회 '소남 윤동규의 날'이 개최되었다. 이날 행사는 소남 윤동규 영정 봉안식, 『소남 윤동규 평전』 저자 허경진 연세대 명예교수의 특강, 소남 선생 기념사업준비위원회 출범식, 선생의 325주년 탄생 기념식 순으로 진행되었다.[29]

2021년 12월 30일 제2회 '소남 윤동규의 날' 행사가 개최되었다. 1부는 소남 선생 현양사업 및 문집 출판을 알리는 '고유제' 형식으로 진행되었다. 2부는 '인천시 여창 가곡반'의 공연으로 시작을 알린 후 기념 사업 경과보고가 있었다. 3부는 앞에서 서술한 '인천의 실학자 소남 윤동규의 학문세계'라는 주제의 학술회의가 개최되었다. 그리고 소남학회가 구성되었다.[30]

'소남 윤동규의 날' 행사 제정은 소남 윤동규를 인천 시민에게 널리 알리기 위해 제정된 것이다. 시민에게 소남 윤동규를 알리는데 기여한 문화콘텐츠 기획으로 평가된다.

학술사업으로 2021년에 소남 문집 13권 중 7권과 차의, 제문·만사, 시권의 번역 및 교열을 완료하였다. 또 소남 종택에서 소장하고 있는

인천학연구원·남동문화원.

심경호, 2021, 「소남 윤동규 종가 소장본 시권에 대하여」, 『인천학연구원 2021년도 하반기 학술대회, 인천의 실학자 소남 윤동규의 학문 세계』, 인천대학교 인천학연구원·남동문화원.

29) 「인천 남동문화원 '소남 윤동규의 날 기념행사' 개최」, 『경인일보』 2021. 1. 1

30) 「남동문화원. 인천이 낳은 조선의 실학자 '소남 윤동규의 날' 개최」, 『경인매일』 2021. 12. 30.

산찰류 390편의 발초, 해제 작업을 완료하였다.

2022년에는 '소남디지털기념관'(www.sonamdmh.co.kr)을 오픈하였다. 소남 윤동규가 남긴 간찰 1,221점을 비롯하여, 고문서, 유물 등 소남의 유품이 데이터베이스로 구축되어 사이버상으로 한눈에 볼 수 있게 된 것이다. 2021년 9월과 10월 남동문화원은 한국학중앙연구원 내 장서각 수장고에 보관된 소남 윤동규의 종손이 기탁한 2천여 점의 유물을 촬영하였다. 이를 디지털로 변환한 자료가 '소남디지털기념관'에 탑재된 것이다.[31]

학문 연구에서 기초가 되는 자료가 누구나 쉽게 이용할 수 있도록 정리되고 디지털 자료로 변환되어 연구자와 시민에게 공개됨에 따라 소남 윤동규에 대한 연구는 활기를 띨 것으로 보인다.

---

31) '소남디지털기념관'은 소남 소개, 소남 사업, 유물소개, 유물, 소남학회, 커뮤니티로 카테고리가 구성되어 있다.
'유물' 카테고리에는 간찰 1,221점, 고문서 336점과 유물 34점이 수록되어 있다. '소남 사업'에는 '소남 윤동규 종가 소장자료 조사 및 활용방안 연구' 제하에 사업목적, 핵심사업(유물 해제 및 번역), 추진실적(소남문집 7권, 시권, 간찰류 등 해제 및 번역, 학술회의, 서적발간 등) 등이 기록돼있다.
'유물 소개'에는 소남 종손이 기탁 보관해온 유물 전체에 대한 세부적인 분류 및 그 기준, 내용을 담고 있다. 간찰 1,221점은 간찰(簡札) 1990점, 언간(諺簡) 3점, 위장(慰狀) 16점, 품목(稟目) 2점, 별품(別稟) 6점, 별폭(別幅) 2점, 간찰첩(簡札帖) 1점 등으로 분류돼있다. 고서 204종 331책은 경부(經部) 40종 97책, 사부(史部) 27종 37책, 자부(子部) 67종 101책, 집부(集部) 70종 94책로 분류되어 있다. 고문서는 336점은 교령류(敎令類) 18점, 소차계장류(疏箚啓狀類) 9점, 증빙류(證憑類) 9점, 치부기록류(置簿記錄類) 62점, 시문류(詩文類) 137점, 근현대문서류(近現代文書類) 21점, 서화류(書畵類) 31점으로 분류되어 있다. 유물로는 인장(印章) 22점, 호패(戶牌) 8점, 호패술 1점, 천주머니 1점, 안경 1점, 종이문양 1점 등 34점이 올라와 있다.(「소남 윤동규 유물 – 간찰, 고문서, 유품 등 온라인으로 본다」, 『인천 in』 2022. 4. 16. <http://www.incheonin.com/news/articleView.html?idxno=87380>)

그리고 출판 사업으로 소남 윤동규 총서 시리즈가 기획되었다. 1권으로 2020년 허경진 교수의 『소남 윤동규』, 2권으로 2021년 박혜진·허경진 교수가 번역한 『소남선생이 필사한 곤여도설』을 각가 발간되었다. 그리고 2021년에는 어린이용으로 소남 윤동규 어린이 평전인 『소남, 인천으로 돌아오다』, 『소남 윤동규 선생이 써주신 동문수지』, 『소남과 함께 떠나는 인성 교육』을 발간하였다.

그리고 인터넷 신문 '인천 in'에 소남 윤동규 기획 시리즈를 연재하였다. '소남 윤동규 선생 인천으로 모셔오기' 10만인 서명운동을 펼쳐 인천 시민에게 소남 윤동규를 지속적으로 알리고, 그를 지역의 상징적인 인물로 만들기 위한 노력도 계속하였다. 이같은 일들은 소남 윤동규를 인천만이 아니라 아니라 한국 사회 전체에 알리는데 기여한 것으로 보인다.[32]

5. 소남 윤동규 기념사업 과제

1) 문화콘텐츠 제작 방향

가. 학술사업에서의 대중성 강화

학술행사를 개최할 때는 유의할 점이 있다. 현재 한국 사회에서 펼쳐지는 학술행사는 약간의 문제가 있다. 학술회의에 가보면 발표자는 열심히 발표하지만, 청중들은 어려워하며 시간이 조금 지나면 한, 두

---

32) 남동문화원, 인천문화원 내부문서 「소남윤동규 선생 사업 경과 보고, 사업 진행 과정과 향후 전망」, 2021.

녕씩 자리를 뜬다. 마지막 토론 순서가 되면 행사 주최자와 발표자, 토론자 그리고 소수의 청중만 남는 경우도 적지 않다. 어떤 경우는 발표자가 진지한 발표를 하는데 청중이 너무 지루하다거나 딱딱하다 며 항의하는 예도 본 바 있다.

그럴 때마다 생각되는 것은 학술행사도 학자들이 모여 학문적인 토론을 목적으로 하는 행사와 일반 시민을 대상으로 하는 행사는 구 분되어야 한다는 것이다. 전자는 청중 수에 얽매이지 말고, 유의미한 결론을 내릴 수 있도록 발표와 토론 시간을 충분히 가지는 것이다. 후자는 학술발표 내용 못지않게 청중이 누군가를 먼저 생각하고 청중 눈높이에 맞춘 행사가 되어야 한다. 후자의 행사에서는 청중도 행사 의 주역이기 때문이다. 학술행사를 계획하는 학자들은 발표자와 발표 주제만을 고민하는데, 일반 시민을 대상으로 하는 학술행사는 청중의 눈높이에 맞추어 발표 내용을 구성해야 하고, 전달 방식도 고민해야 한다.[33]

2012년 수원에서 개최된 '정조 우리시대 멘토인가'를 주제로 한 수 원학연구소 학술토론회와 2013년 안산 성호기념관에서 개최된 '성호 지식 콘서트'가 후자의 사례라 할 수 있다. 2012년 수원에서의 학술토 론회는 발표자 4명을 2명씩, 정조에 대해 상대적으로 긍정적인 평가 를 하는 학자군과 비판적인 학자군을 나누었다. 사회자가 중심이 되 어 진행되었는데 발표자에게 15분 정도 발표 시간이 주어졌고, 발표 가 끝날 때마다 사회자가 질문을 하면 발표자가 답변을 하는 형식으 로 진행하였다. 그리고 발표가 끝난 후 4명의 발표자와 사회자가 한

---

33) 강젠가요, 「성호 이익을 만나러 떠나는 주말여행」, 『경기신문』 2013. 10. 25.

자리에 모여 집중 토론을 하였다. 이날 토론회는 사전에 발표문을 발표자끼리 교환하였고, 쟁점 중심으로 진행되었기에 청중들도 재미있으면서 유익해 하였다. 특히 정조에 대해 긍정적으로만 평가하는 분위기가 강한 수원에서 정조에 대해 비판적인 검토가 공개적으로 이루어졌다는 면에서 성과가 있는 토론회로 평가받았다.

2013년 안산 실학박물관에서의 '성호 지식 콘서트'는 사회자는 없고 진행자가 나와 마치 다큐멘터리를 진행하듯이 학술행사를 진행하였다. 발표자는 15분이라는 짧은 시간을 이미지 중심의 PT 자료를 활용하여 발표하였다. 통상의 학술세미나에 가면 발표자가 미리 배포한 발표문을 읽고, 시간도 보통 40분 이상 주어진다. 그런데 '성호 지식 콘서트'는 학자들에게 15분이라는 짧은 시간이 주어졌기에 청중들이 지루해하지 않고 즐겁게 진행되었다. 앞으로 학술 행사도 목적에 따라 다르게 기획되고 진행될 필요가 있다.

윤동규 기념사업처럼 시민의 지지와 관심이 필요한 사업은 학술행사를 학자들이 모여 학문적인 토론을 목적으로 하는 행사와 일반 시민을 대상으로 하는 행사가 반드시 구분될 필요가 있다.

나. 기념공간의 확보

남동문화원은 소남 윤동규 유물을 전시하고 연구 및 교육 사업을 담당할 소남기념관 건립을 추진하고 있다.[34]

소남 윤동규 기념관을 포함한 기념 공간 조성 문제는 이전에 제기된 바 있다. 2014년 11월 25일 경기문화재단 실학박물관과 소남선생

---

34) 남동문화원, 인천문화원 내부문서 「소남 윤동규 선생 사업 경과보고, 사업 진행 과정과 향후 전망」, 2021.

기념사업회가 공동으로 개최한 '실 학문화 심포지엄 소남 윤동규의 학문과 인천'에서 발표자 윤용구 선생이 "생가와 묘소가 자리했던 도림동 인근 공원을 소남 공원으로 명명한다든지, 종가에서 소장해 온 소남의 저술과 간찰 및 가전문서를 한곳에 모아 전시하는 소남기념관의 건립 등을 진지하게 고민해야 할 때"라고 제기한 바 있다. 기념관 건립 시 건물만 확보하는 것이 아니라 연구 인력의 확보가 같이 이루어져야 할 것이다.

다. 소남 윤동규 길 조성

탐방로 조성하는 것도 검토할 수 있다. '소남 윤동규가 실학자 성호 이익을 만나러 간 길'과 같은 탐방로 조성하는 것이다. 지금 한국 사회에 걷기 열풍이 불고 있다. 전국에 독립된 이름의 도보 수가 600여 개가 된다. 도보 여행을 위한 단위 코스 명칭이 1,700여 개가 넘는다. 한국 사람들이 천천히 걷는 데 관심을 가진 것은 빠르게 변하는 현대사회에 살면서 스스로를 돌아보고 한 박자 쉬어가고 싶기 때문이다. 옛길을 복원하고 조성하는데는 많은 비용이 들지 않는다. 조성하기 위해 부지를 매입하거나 토목공사를 하지 않고, 기존의 길을 그대로 이용하여 옛길이라는 표식만 하면 되기 때문이다.

옛길을 찾고 조성하기 위해서는 지리학자와 역사학자, 지역의 향토사학자와 길 전문가가 협력 하에 진행하여야 한다. 지역 주민도 참여하여 조성하고 관리 및 안내까지 해주는 것이 바람직하다. 물론 자치단체도 참여하여야 한다.[35]

---

35) 강진갑 외, 2012, 『경기 남부 역사문화탐방로 개발 및 활용연구』, 경기도·경기문화재단.; 강진갑, 「경기 옛길의 가치」, 『경기신문』 2013. 12. 20.

라. 소남 윤동규 축제

지역의 역사적 인물의 현양 방법 중 보편적으로 가장 많이 사용되는 방식이 지역축제이다. 지역에서 이루어지고 당제를 지역 축제로 연결하여 개최하는 방법도 있다.[36]

윤동규 축제를 개최할 경우 중장기 계획을 수립하여 추진해야 한다. 그리고 추진 주체는 소남기념사업회와 남동문화원이 중심이 되고, 인천시와 인천시 남동구청의 참여 하에 이루어져야 한다. 인천일보 등 지역 언론, 그리고 인천문화재단과 문화예술단체, 소남학회가 공동으로 추진하는 것이 필요하다.

축제의 정체성은 윤동규 기념사업이니만큼 인문학 축제가 되는 것이 바람직하다. 인문학 축제는 역사 인물 윤동규에 대한 인문학, 역사학적 해석을 토대로 프로그램을 구성하고 시민의 참여 속에 이루어지는 축제이다.

마. 예술창작

예술창작은 문학, 시각, 공연, 영상물 장르 등으로 나누어 이루어진다. 소남 윤동규를 주제로 하는 문화예술작품은 앞에서 제시된 '성호 이익의 수제자' '서양 학문에 대한 개방적이고 수용적인 자세' '공부하는 태도와 방법' 등의 스토리가 훌륭한 소재가 될 것이다. 이를 토대로 문학 작품의 창작, 지역 공연물로의 제작 등이 가능할 것이다

---

36) 2015년 6월 12일 필자의 윤동규 후손인 윤형진, 윤양진씨와 인터뷰.

2) '3단계 시민이 중심이 되어 역사 인물 기념사업을 하는 단계'로의 진화

인천문화원이 소남 윤동규 기념사업의 추진 주체가 되면서 사업은 성과를 거두고 있다. 그러나 현재 기념사업의 주요 재원은 공공 자금이다. 기념사업의 가장 바람직한 단계는 앞에서 살펴본 시민이 중심이 되는 3단계이다.

이 단계는 소남 윤동규를 소재로 한 문화콘텐츠가 기념사업 주관 기관 단체에 의해서만 제작되는 단계가 아니다. 시민의 필요에 의해, 시장의 요구에 부응하기 위해 시민과 기업 또는 다양한 주체들에 의해 자발적인 문화콘텐츠 제작이 이루어지는 단계이다.

기념사업이 이 단계에 도달하기 위해서는 시민과 학계의 윤동규에 대한 평가가 한국사에 있어 역사적 인물로 평가가 되어야 가능한 일이다. 이를 위해서 소남 윤동규에 대한 연구, 21세기 시대정신에 맞는 윤동규에 대한 평가, 그리고 스토리 발굴이 필요하다.

6. 맺음말

역사적 인물의 기념사업은 문중이나 자치단체가 주관하는 경우가 많다. 그런데 소남 윤동규 기념사업은 인천 동남문화원이 중심이 되어 추진되고 있다. 2020년 말에 시작되어 이제 2년이 경과하였음에도 불구하고 그 성과는 긍정적으로 평가할 수 있다.

학술사업을 하면서 소남 윤동규 자료를 탈초, 번역, 해제하고 이를 디지털 자료로 전환하여 소남디지털기념관을 통해 공개하였다. 이는 소남 윤동규 연구의 학문적 진전을 위해 의미 있는 학술사업으로 평가할 수 있다

소남 윤동규를 인천 지역에 널리 알리기 위해 대중화 사업을 전개하고 교육 콘텐츠도 제작하였다. 이 중 '소남 윤동규의 날' 제정은 주목되는 콘텐츠이다. 이제 시작한 지 2회에 지나지 않았기에 그 성과를 평가하기는 이르지만 역사적 인물 기념사업을 추진하는 다른 지역에서 벤치마킹할 사례라 생각된다. 그리고 '소남 윤동규 선생 인천으로 모셔 오기' 10만인 서명운동도 윤동규를 시민에게 알리고 시민을 기념사업의 주역으로 세우는데 기여할 것으로 보인다. 그러나 소남 윤동규 기념사업이 갈 길은 멀다. 소남 윤동규가 21세기 인천 사회, 나아가서 한국 사회에 소환할 만큼 필요한 역사적 인물로 평가받고 있는지, 그리고 인천 시민들이 이러한 평가에 동의하고 있는지는 엄정한 자세로 되물어보아야 한다. 따라서 향후 소남 윤동규 사업이 핵심적으로 추진할 일은 윤동규의 생애와 업적에 대한 새로운 해석이다. 윤동규가 21세기 한국 사회, 21세기 한국 시대정신에 맞는 인물인지에 대한 연구가 필요하다. 그리고 이에 걸맞은 스토리를 지닌 인물인지에 대한 문화콘텐츠 측면에서의 접근과 분석이 필요하다.

다행히 윤동규의 생애를 복원한 『소남 윤동규 평전』이 발간되었다. 윤동규의 학문적인 평가에서 주목할 점은 그의 서양 학문에 대해 수용적 입장인데, 이를 보여주는 자료인 『소남 선생이 펼치는 곤여도설』도 발간되었다. 이들 연구와 자료에서 소남 윤동규에 대한 새로운 해석과 스토리를 발굴하는 작업을 시작할 수 있을 것이다. 이 문제는 향후의 과제로 남겨 두고자 한다.

참고문헌

『순암선생문집』

강세구, 「星湖學派와 星湖門人 尹東奎」, 『實學思想研究』 28, 毋岳實學會, 2005.
강진갑, 「유교의 현대적 재해석과 향교·서원의 활성화 방안」, 『향교·서원과 용인
       사람들』, 도서출판 선인, 2014.
구지현 외, 「소남이 성호에게 보낸 서간의 성격」, 『인천학연구원 2021년도 하반
       기 학술대회, 인천의 실학자 소남 윤동규의 학문 세계』, 인천대학교 인천
       학연구원·남동문화원, 2021.
김성윤, 「18세기 畿湖南人의 洪範이해 -星湖 李瀷과 邵南 尹東奎를 중심으로」,
       『朝鮮時代史學報』 16, 朝鮮時代史學會, 2001.
김시업, 「邵南 윤동규의 근기학파에서의 위치」, 『한국실학연구』 9, 2005.

강진갑·이지훈 외, 『최용신 탄생 100주년 기념사업 기본방향 연구』, 안산시·경
       기도향토사연구협의회, 2008.
강진갑 외, 『광교신도시 마을 및 시설 명칭 부여 연구』, 경기도시공사·한국외국
       어대학교 글로벌문화콘텐츠연구센터, 2011.
이성무 외, 「소남 윤동규의 생애와 사상」, 『실학문화 심포지움 소남 윤동규의 학
       문과 인천』, 경기문화재단 실학박물관·소남선생기념사업회, 2014,
허경진, 「소남 윤동규와 인천의 성호학파」, 『황해문화』 2011년 여름호, 새얼문화
       재단, 2011.

찾아보기

인천의 잊혀진 실학자 소남 윤동규

초판 인쇄   2022년 12월 2일
초판 발행   2022년 12월 9일

지 은 이   김시업·허경진·박혜민·송성섭·전성건·강진갑
기   획   경기문화재단 실학박물관
            (담당 김엘리)
            12283 경기도 남양주시 조안면 다산로747번길 16
            전화 031-579-6000-1   https://silhak.ggcf.kr

발 행 인   한정희
발 행 처   경인문화사
편 집 부   김지선 유지혜 박지현 한주연 이다빈
마 케 팅   유인순 전병관 하재일
출판번호   제406-1973-000003호
주   소   경기도 파주시 회동길 445-1 경인빌딩 B동 4층
대표전화   031-955-9300
팩   스   031-955-9310
홈페이지   www.kyunginp.co.kr
이 메 일   kyungin@kyunginp.co.kr

ISBN 978-89-499-6673-1 93910

값 14,000원